これで安心

JN021559

学校での

対話型 AI活用

Q & A

筆野 元・村上仁志 著

明治図書

はじめに

〈本書を手に取ったあなたができるようになること〉
・対話型 AI の驚くべき進化と仕組みを理解することができる
・対話型 AI 活用のメリットとリスクがわかる
・対話型 AI 活用の実践的なヒントやアイデアがわかる

⇒仕事もプライベートもレベルアップし，毎日がもっと魅力的になる

　OpenAI 社の ChatGPT をはじめとする対話型 AI は私たちの生活を豊かにするパートナーといえます。ソフトバンクグループ株式会社の孫正義会長も AI 活用の必要性を訴えています。

「AI（人工知能）を拒否するか積極的に受け入れるかで，これから決定的な差が出てくる」
「AGI（汎用 AI，引用者註）はあまりにもパワフルで危険だから，規制すべきだ。でも，だからといって使わないのは自動車や電気を使わないという主張に等しい」（孫正義）[1]

　今後，対話型 AI を活用するか否かによって，仕事でもプライベートでも大きな差が開きます。対話型 AI を使わない手はないでしょう。一方で，AI を危惧する声も上がっています。

「AI による（人類）絶滅のリスクを軽減することは，パンデミックや核戦争などと並び，世界の優先事項であるべきだ」（サム・アルトマン）[2]

　これは ChatGPT を開発した OpenAI 社の CEO であるサム・アルトマンが

2023年5月に共同声明として発表したものです。ChatGPT の開発者自身が AI を脅威に感じているのです。そのため，開発が進みすぎる前に AI に対する規制が必要となります。

　学校教員は，新しいアイデアを取り入れやすい環境にあります。勉強会や研修会，SNS などで紹介されている実践を取り入れた経験がある方もいると思います。しかし，対話型 AI 活用においては，その気軽さが命取りになると考えています。対話型 AI は未来に希望をもたらす一方で，誤った使用によって破滅をもたらす危険性が潜んでいます。

　私たちは，現役教員かつ研究者の立場から教育現場における対話型 AI の適切な活用法を広める緊急性を感じ，本書を執筆することを決意しました。本書は，教育現場における対話型 AI 活用について Q & A 形式で記しています。私たちのこれまでの教員経験，そして大学院進学により培った研究能力をもとにして，教育現場で対話型 AI を活用する際の留意点，具体的な活用方法を示しています。本書の内容は読者が対話型 AI を活用しながら，読み進めることを想定して執筆しています。第3章では，すぐに使える対話型 AI への質問例を紹介しています。まずは対話型 AI に触れてみましょう。対話型 AI を活用しながら本書を読み進めることで，対話型 AI についての理解がより深まります。本書を読み，対話型 AI を安全に活用し，あなたの仕事とプライベートに革新的な変化をもたらしましょう。

筆野　元・村上　仁志

【引用文献】
1）孫正義氏「日本よ目覚めよ」AI 活用の必要性，講演で訴え．毎日新聞，2023-10-04，毎日新聞デジタル．Available at :https://mainichi.jp/articles/20231004/k00/00m/020/094000c Accessed October 14, 2023
2）AI に「人類絶滅リスク」ChatGPT 開発トップら共同声明．日本経済新聞，2023-05-31．Available at :https://www.nikkei.com/article/DGXZQOGN3106A0R30C23A5000000/ Accessed October 14, 2023

CONTENTS

第2章

これで安心　学校での対話型 AI 活用 Q & A

基本編

校務編

授業編

日常生活編

第 3 章

そのまま使える　汎用性抜群のプロンプト・質問例

おわりに

序章

AIと
向き合うための
マインドセット

01 対話型 AI と向き合う

1 まず対話型 AI に触れてみましょう

　対話型 AI とは，自然言語処理技術を使用して人間の質問に応じた回答を文章や音声で生成できる人工知能のことです。難しく聞こえるかもしれませんが，使ってみると簡単便利で役立ちます。この本を手に取られた人の中には，対話型 AI を使った経験がない方もいると思います。**まずは，対話型 AI にあなたが興味をもっていることについて質問をしてみてください。**そうすると，まるで人が答えたかのように的を射た返事が返ってきます。友達や親と話すより，よほど親しみやすく信頼できると感じることもあるほどです。対話型 AI を使い出すと，どんどん使いたくなるはずです。

　私もはじめて対話型 AI を使った時は，何でもかなえてくれる魔法の箱のように感じ，どんどん質問していきました。下手に人に聞くよりも，よほど親身で的確であるかのような印象を受けました。ところが，よく読むと「事実ではない」「元の文章の意図とはかけ離れている」部分があることに気がつきました。対話型 AI の回答の中に，引用元の記載内容と異なる情報が含まれているのです。これでは，子どもの学習に活用した場合，誤った知識や考えが伝わるのではないかという疑念が生じました。

　また対話型 AI は，思想の偏りや偏見が回答の中に含まれると報告されています[1]。AI が意思をもち人類を脅かすといったまるで SF のような指摘もあります[2]。対話型 AI は魔法の箱ではなく，開けてはいけないパンドラの箱だったのかもしれません。

2 対話型 AI を使うことで正しい付き合い方を見つける

とはいえ，学校教員は対話型 AI に対して「触らぬ神に祟りなし」という
スタンスでいいのでしょうか。

対話型 AI の恐ろしい面におびえて禁止したり触れなかったりすると，い
つまでたっても使い方は身に付きません。普段，「まずは，やってみよう」
と子どもに声をかけているように，先生も興味のあることから対話型 AI に
質問をしてみるとよいでしょう。

ハーバード大学の Derek Bok Center の人工知能に関する記事では，AI を禁
止することは一時的な解決策としかならない可能性があると述べられていま
す[3]。対話型 AI はその高い利便性から，社会に浸透していくことが予想さ
れます。日本は AI 推進の方向です。めざす未来の社会像として内閣府が提
唱している「Society 5.0」では，AI によって必要な情報が必要な時に提供さ
れる社会が掲げられています[4]。

対話型 AI に革新をもたらした ChatGPT（対話型 AI の１つ）の出現により，
その将来が到来したのです。今後の社会に向けて，子どもたちは AI との
「正しい」付き合い方を学ぶ必要があります。そして，**教育にあたる私たち
教員も AI から目を背けることはできない**のです。

【参考・引用文献】
1）Feng S, et al : From Pretraining Data to Language Models to Downstream Tasks :
　Tracking the Trails of Political Biases Leading to Unfair NLP Models. ArXiv abs/2305.
　08283, 2023
2）ウォルター・アイザックソン：『イーロン・マスク　下』文藝春秋，2023
3）Harvard University the Derek Bok Center : ARTIFICIAL INTELLIGENCE. Available at :
　https://bokcenter.harvard.edu/artificial-intelligence Accessed September 18, 2023
4）内閣府：Society 5.0「科学技術イノベーションが拓く新たな社会」説明資料．Available at
　: https://www8.cao.go.jp/cstp/society5_0/society5_0-1.pdf Accessed September 18,
　2023

02 対話型 AI の利便性と注意点

1 対話型 AI の利便性

　対話型 AI は学校教員の業務に革命をもたらします。対話型 AI を使うことで**驚くほど業務が効率化されます**。例えば，管理職に自分の気持ちを伝えたいけれど，伝え方がわからない。このような悩みがある場合，対話型 AI に管理職の性格を入力します。すると，瞬時に管理職の心を打つ文が回答され，悩みを解消することができます（一般的な性格傾向や悩みの入力にとどめましょう）。また，対話型 AI には体力の限界がないため，何度でもやり取りすることができます。これにより，自分の考えを十分に練ることができます。授業準備や行事の計画などに対話型 AI を使うことで，自分が思い描く以上の成果を上げることができるのです。また，先生自身の授業力，計画力，指導力の向上にもつながります。

　プライベートの対話型 AI 活用も楽しく簡単です。食事の献立に悩んだ時，旅行の計画を立てる時，対話型 AI に相談することで多くの選択肢を得ることができます。今後，**対話型 AI を使う人と使わない人とで時間の使い方が大きく変わる**と私は考えています。便利な使い方については第 2 章と第 3 章で紹介しています。是非ご活用ください。

2 対話型 AI の使用リスクとは

　対話型 AI の回答には，誤りが含まれる場合があります。対話型 AI はイン

ターネット上の情報を学習していることが多いようです。インターネット情報はその信頼性にバラつきがあります。そのため，対話型 AI の回答には間違いが含まれたり，偏った内容になったりする場合があります。Microsoft の人工知能「Tay」は AI が意図しない発言を繰り返した例の１つです。「Tay」は人々が AI との会話を楽しむものとして開発されました。はじめは好意的な態度をとっていた「Tay」は，次第に問題発言を繰り返すようになりました。一部のユーザーが「Tay」を悪用したことにより，偏った考えを学習したことが一因です。対話型 AI は，悪意をもったユーザーが発信する情報も学習します。**対話型 AI の回答は常に正しいとは限らず，利用者側がその真偽を確認する必要があります。**また，情報漏洩のリスクから個人情報や機密情報を入力しないという配慮も必要です。それぞれのリスクについては第２章で詳しく説明しています。

3 対話型 AI の使用上の注意点

　対話型 AI は，業務上の質問やプライベートの質問をする時に最大限の力を発揮します。しかし，中には適していない質問もあります。それは人の心や体に関する相談です。特に，医療相談やカウンセリングの代用として使うことは避けるべきです。心や体にかかわることについては対話型 AI を頼るのではなく，医師等の専門家に相談をしてください。

　また，子どもの対話型 AI の使用については，細心の注意を払いましょう。対話型 AI は便利な反面，その危険性から慎重な配慮が求められます。子どもが誤って個人情報を入力してしまう，対話型 AI の誤った回答を鵜呑みにしてしまうなどの恐れがあります。そのため，使用する際には子どもの代わりに大人が入力すること，教師や保護者などの大人が横について入力内容や回答について一緒にチェックするといった段階を踏んだ活用を推奨します。対話型 AI は便利ですが，使い方を間違うと予想外の問題が発生します。このため，**対話型 AI の利便性と危険性を理解した活用**が求められます。

03 対話型 AI の近年の動向と
正しい活用法

1 対話型 AI の急拡大と動向

　2022年11月に OpenAI 社が自然な対話が可能な ChatGPT（GPT-3.5）を公開すると，公開から2か月でユーザー数が1億人を突破しました。また，Microsoft 社は2023年1月に OpenAI 社に1.3兆円の追加投資を発表しました。Microsoft 社では ChatGPT を組み込んだ検索エンジンである Bing AI Chat や Word や Excel などのソフトに AI 機能を組み込んだ Microsoft 365 Copilot を続々と発表しました。また，Google 社も対話型 AI の Bard を公開しており，日本語版は2023年5月から公開されています。同月に開催された G 7広島サミットにて対話型 AI が議題にあげられました。日本企業では，ソフトバンクや NTT などが大規模言語モデルの開発に取り組んでいます。

　このように，対話型 AI はその活用に向けた動きが世界規模で活発化しています。対話型 AI に対する投資額も大きく，市場規模も急拡大していくことが予想されます。一方，教育界の対話型 AI に対する状況はどうでしょうか。

2 教育界は対話型 AI の活用に慎重な姿勢

　2023年7月に文部科学省より「初等中等教育段階における生成 AI の利用に関する暫定的なガイドライン」が示されました。ガイドラインでは対話型 AI の使用を一律に禁止せず，限定的な活用から始めるべきであるとしてい

ます。教育現場においても対話型 AI を活用する方向にあることがわかります。しかしガイドラインでは，現状は実施環境の整った学校（パイロット校）でのみ教育利用が承認されています。いつ全国的に対話型 AI を活用していく段階になるかは不透明です。一般企業や省庁と比べると，導入にやや慎重な姿勢が窺えます。校務での活用は推進していく方針にあるようですが，実際には足踏み状態です。対話型 AI は，Microsoft の Bing AI Chat のように保護者の同意があれば子どもたちも家庭で使用できるようになっています。このままでは，**私たち教員だけが対話型 AI への理解が深まらないまま，取り残されてしまう**ことになりかねません。

3 対話型 AI との正しい付き合い方

　対話型 AI は利便性が高い反面，危険性もはらんでいます。昨今の年齢制限のあるゲームや SNS の子どもの使用状況を見る限り，対話型 AI も年齢制限が守られるかは疑わしいものです。今後，対話型 AI のトラブルが発生することが予想されます。この対策として，子どもたちに対話型 AI との「正しい」付き合い方を学ばせる必要があります。そのためには，まずは私たち教員が対話型 AI を生活場面で活用することです。対話型 AI を活用する中で，対話型 AI の特徴やメリットとデメリットを体感します。実態に応じて適切な使用方法について，学級懇談会などで話し合うことも必要です。一方で，教員は業務改善の面からも対話型 AI を活用していくことになるでしょう。新たな恩恵を受けられる対話型 AI を使わないのは正直なところ，もったいないです。そこで，対話型 AI と向き合う時の便利な活用法とリスクやマインドセットを本書に記すことにしました。まずは本書第 3 章の対話型 AI への質問例を参考にして，何気ない質問を投げかけてみましょう。そして，本書を片手に**革新的な技術である対話型 AI を活用し，新たな壁打ちの（考えを練り合わせることについて徹底的に相談できる）相棒として活用していきましょう**。

第 1 章

文部科学省
ガイドライン(暫定版)
要点チェック

教員の AI リテラシーを
高めることが第一歩

1 子ども以上に教員が活用していく

　第 1 章では2023年 7 月に文部科学省から出された「初等中等教育段階における生成 AI 利用に関する暫定的なガイドライン」（以降ガイドラインとします）の要点について説明します。このガイドラインは，児童生徒や教師を含めた社会に対話型 AI が普及しつつある現状を踏まえて，一定の考えを国として示すために公表されました。

　ガイドラインは，今後の社会における AI の普及に応じて，情報活用能力を育成する必要性を訴えています。平成29年度告示の小学校学習指導要領解説総則編によると，情報活用能力とは情報及び情報技術を適切に活用して，問題を発見・解決したり自分の考えを形成したりしていくために必要な資質・能力であると示されています。そして，学習の基盤となる資質・能力の 1 つとして，情報活用能力が位置づけられています。ガイドラインでは，この情報活用能力を育む教育活動の充実について述べられています。

　一方，家庭では子どもたちが対話型 AI を使うことが考えられます。それに伴い，今後トラブルに巻き込まれるリスクも高まると予想され，情報活用能力の育成は緊急を要します。

　ガイドラインでは，**学校教員も AI リテラシー（AI を使いこなす力）が必要である**と述べられています。教育利用に際して，対話型 AI のメリット・デメリットについて子どもたちに理解させることが求められます。また，対話型 AI の教育利用の実施については，次の 4 つの観点から判断すべきとさ

れています。

1．子どもの実態に応じているか
2．発達段階に応じているか
3．学習指導要領に示されている資質・能力の育成を妨げないか
4．教育目標を達成するために効果的であるか

　これら4つの観点に基づいて対話型AIの使用に関する適切な判断を下し，情報活用能力を育むためのAIリテラシーが教員に必要な力となります。

　またガイドラインでは，AI活用を働き方改革につなげることについても触れられています。働き方改革のため，「教員研修や校務での適切な活用に向けた取組を推進し」と述べられています。校務に関する活用については，子どもに使用させることよりもむしろ推奨されていることが読み取れます。

2 メリットとデメリットを「体験」する

　ガイドラインは，個人情報の流出や著作権侵害のリスクなどの懸念事項があるため，対話型AIの教育利用は限定的な利用から始めるべきとしています。

　対話型AIは劇的な進化を遂げています。今や対話型AIを活用することで，教育も仕事も変わり，言語の壁も取り払われようとしています。将来的な対話型AIの教育利用に向けて，大人が取り組める対話型AIの簡単な活用を本書に取り入れていますので，まずは活用してみてください。

　これら対話型AI活用のデメリットとそれを上回るメリットについて大人も体験し，実生活と子どもの指導に活かし始める今はまさにネオAI元年といえるでしょう。本書のQ＆Aを片手に，自信をもって対話型AIを活用していきましょう。

02 対話型 AI の適切な活用例と適切でない活用例

1 教育利用は慎重に

　ガイドラインは，子どもの発達段階や実態を踏まえ，年齢制限や保護者同意等の利用規約の遵守を教育利用の前提としています。また，教育活動や学習目標の目的を達成する上で，対話型 AI の利用が適切か適切でないかを判断することが基本とされています。特に小学校段階の児童に利用させることには，慎重な対応が求められています。まずは，**対話型 AI への懸念に十分な対策を講じられる中学校及び高等学校にて試験的に取り組むことが適当**と記されています。

2 対話型 AI 活用の適切な例と適切ではない例

■適切だと考えられる活用例
・情報モラル教育や AI に関する社会的論議の教材や素材として使用
・足りない視点を見つけ，議論を深めるために使用
・英会話や外国人児童生徒の日本語学習
・対話型 AI の活用を学ぶために自分で作成した文章を修正させること
・高度なプログラミング
・問題発見・課題解決能力を積極的に評価するパフォーマンステスト

適切だと考えられる活用例では，**子どもたち自身でまずは思考，表現すること**が求められています。その上で対話型 AI を活用して，より高度な学習課題に取り組むことが想定されています。対話型 AI を子どもたちの学習を支援するツールとして取り扱うことが大切です。

■適切ではない活用例
・対話型 AI の性質やメリット，デメリットに関する学習を実施せず，安易に対話型 AI を使わせること
・思考力，表現力を育む場面ではじめから対話型 AI を使わせること（調べ学習，表現活動など）
・著作権を侵害する恐れのある使用方法
・対話型 AI に子どもに対するコメントや評価，相談をさせること

こちらは，ガイドラインで示されている適切ではない活用例を整理したものです。対話型 AI は適切に活用するために配慮する点が多く，子どもが使用する場合は事前学習や指導が必要です。

さらに対話型 AI の教育利用では，「学習指導要領に示されている資質・能力を妨げないか」「教育目標を達成するために効果的であるか」という2つの観点が重視されます。対話型 AI は精度にばらつきはあるものの，多くの種類の文章を作成することができます。しかし，完全に対話型 AI に依存することは何の学習にもつながりません。そのため，私たち大人が対話型 AI の利用が適切な場面を判断する必要があります。

現在，対話型 AI の活用に関する実証研究が行われています。その結果次第で，対話型 AI の活用に関する方針が変わる可能性があることを理解しておく必要があります。

03 情報活用能力の育成強化

1 情報活用能力の育成強化はすべての学校が対象

　昨今のスマートフォン等の普及を考慮すると，子どもたちが対話型 AI を使う機会が増えていくことが予想されます。そして，対話型 AI の普及に伴い誤った情報が増加するといった懸念も生まれています。そこで，情報活用能力の育成を強化することが求められています。ガイドラインは，**情報活用能力の育成強化の対象はすべての学校**としています。

　また，現在は GIGA スクール構想によって１人１台端末の活用が進められています。ガイドラインは，そのタブレット端末等を日常的に活用することを推進しています。授業の学習目標に適している場合には，タブレット端末の活用を積極的に進めることが求められています。

2 情報モラル教育の充実

　ガイドラインによれば，情報モラルとは「情報社会で適正な活動を行うための基になる考え方と態度」と定義されています。具体的には，情報社会での行動の責任や情報を正確かつ安全に利用することなどが挙げられます。情報モラル教育は，保護者の理解や協力を得た上で実施することが求められています。ガイドラインに示されている学習活動は次の通りです。

■情報モラル教育における学習活動
1. 情報発信による他人や社会への影響について考えさせる学習活動
2. ネットワーク上のルールやマナーを守ることの意味について考えさせる学習活動
3. 情報には自他の権利があることを考えさせる学習活動
4. 情報には誤ったものや危険なものがあることを考えさせる学習活動
5. 健康を害するような行動について考えさせる学習活動
6. インターネット上に発信された情報は基本的には広く公開される可能性がある，どこかに記録が残り完全に消し去ることはできないといった，情報や情報技術の特性についての理解を促す学習活動

　これらの学習活動は，道徳や特別活動などの教科で取り扱われています。しかし，情報活用能力は単一の授業で身に付くものではありません。ガイドラインでは，各教科や生徒指導との連携も必要とされています。

　例えば，タブレット端末を使った調べ学習の際，情報の真偽を見抜く方法（ファクトチェック）を確認した上で取り組むこと，ネットワーク上の共有ツールを使用する際にルールやマナーを学ぶことなどが考えられます。

　さらにガイドラインでは，対話型 AI の回答を教材として活用することで，対話型 AI の性質や個人情報を保護する設定などを教えることができると述べられています。このように，**日常的なタブレット端末の利用と情報モラル教育の推進**が重要となります。

【参考文献】
文部科学省：情報活用能力育成のためのアイデア集.
Available at: https://www.mext.go.jp/content/20230711-mxt_jogai01-000026776-002.pdf
Accessed September 30, 2023

04 対話型 AI の教育利用の進め方

1 対話型 AI の仕組みの理解や学びに活かす力を段階的に高める

　ガイドラインでは，対話型 AI の大まかな活用ステージを意識しつつ，情報活用能力の一部として対話型 AI の仕組みの理解や対話型 AI を学びに活かす力を段階的に高めていくと述べられています。対話型 AI の教育利用は，一部の学校で試験的に実施されます。ガイドラインに記載されている対話型 AI に関する段階的な学習や取り組みは下記の通りです。

■対話型 AI に関する段階的な学習や取り組み
①対話型 AI 自体を学ぶ段階
②使い方を学ぶ段階
③各教科等の学びにおいて積極的に用いる段階
④日常使いする段階

　対話型 AI の使用に向けて，まず①の「対話型 AI 自体を学ぶ段階」に取り組みます。この学習では対話型 AI の仕組みや利便性，リスクや留意点について学びます。そして，②の「使い方を学ぶ段階」です。②では AI との対話スキルや情報の真偽を見抜く（ファクトチェック）方法などを学びます。次に③の「各教科等の学びにおいて積極的に用いる段階」です。③では問題発見や課題設定をする場面，異なる考えを整理，比較，深める場面などにおいて対話型 AI を活用します。最後に④の日常使いにつなげていきます。

ガイドラインでは，以下の図のように子どもの実態に応じて②と③の学習を往還（行ったり来たり）することが想定されています。また，対話型 AI を活用する中で対話型 AI の理解を深めることも想定されています。

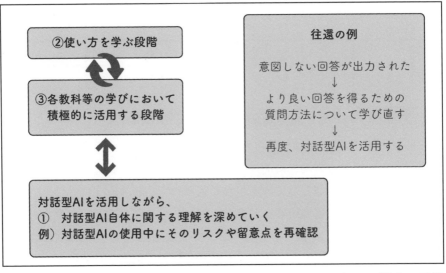

　このように，必要に応じて前の段階にも戻りつつ対話型 AI に関する理解や対話型 AI を学びに活かす力を高めていきます。そして，最終的には④の「日常使いする段階」に到達します。上記の①〜④の取り組みにおいて，より高度な思考や創造性を，より発揮する使用方法が期待されています。

2 小学校段階での取り組み

　上記の①〜④の取り組みは当面，中学校以上の実施に限られています。このため現段階では，小学校で子どもは対話型 AI を使用しない方針となっています。ただし，情報モラル教育の一環として教員が子どもの前で対話型 AI を使ってみせるという学習は想定されています。小学校段階では，情報モラル教育の実施により，中学校以降の対話型 AI の活用に備えることが求められます。

対話型 AI の校務利用の推進

1 対話型 AI を働き方改革の一環として活用推進

　対話型 AI の校務利用は，教育利用と異なり多くの学校での活用をめざして実践例を創出する方向性にあります。業務の効率化や質の向上を目的として，働き方改革の一環としての活用が考えられています。

　ガイドラインには教員研修など準備が整った学校での実証研究を推進すると記されています。実際，埼玉県戸田市では対話型 AI の校務利用についてのガイドラインが出されています[1)]。文部科学省に指定されていない学校でも対話型 AI を校務に活用することは可能です。しかし，自治体による方針の違いがあるため，教育委員会に確認することが必要です。

2 教育活動で適切に対応する素地をつくる

　対話型 AI の将来的な教育活動への導入は想定できたとしても，私たち教員が突然対話型 AI を用いた学習に対応することは難しいでしょう。そのため対話型 AI の校務利用を通じて，AI との適切なかかわり方やそのメリット，留意点を理解しておくことが必要です。

　ガイドラインの対話型 AI の校務推進をうまく活用することで，教育活動の適切な対応の素地をつくることにもつながります。

3 対話型 AI の回答に対する確認を必ず行う

校務での対話型 AI の活用例として以下の 4 つが挙げられています。

1．児童生徒の指導にかかわる業務の支援

例）教材や問題のたたき台，対話型 AI との模擬授業

2．学校行事・部活動への支援

例）校外学習等の行程のたたき台，部活動の経費の概算作成

3．学校運営にかかわる業務の支援

例）報告書のたたき台，授業時数の調整案のたたき台

4．外部対応への支援

例）保護者向けのお知らせ文書のたたき台

　対話型 AI の回答には，不適切な内容や誤りが含まれる場合もあります。例えば，対話型 AI に教材や問題の作成を任せた場合は，その内容が子どもの実態に合っているかどうかを教員が判断する必要があります。対話型 AI が作成したものに対して，**最終的には教員が自ら確認をします**。そして，必要に応じて修正を加えることが求められます。

　対話型 AI の校務利用により，文書作成などの事務作業の負担が大きく減ると考えられます。本書では，第 2 章や第 3 章にて対話型 AI の校務での活用例について詳しく紹介しています。本書の活用例を参考に対話型 AI を使ってみてください。きっと実際の校務で対話型 AI をどんどん活用したくなるはずです。

【参考文献】
1）戸田市教育委員会：戸田市の教育における生成 AI の利用に関するガイドライン.

教育現場における
対話型 AI 活用に関する３つの留意点

1 プライバシー保護と対話型 AI

ガイドラインでは，教育現場で対話型 AI を利用する際，個人情報の保護の観点から十分な注意が必要とされています。**対話型 AI に誤って入力された個人情報やプライバシーに関する情報は，対話型 AI が自動的に学習（機械学習）する可能性があります。**そして，対話型 AI の回答として，その個人情報等が用いられるリスクがあります。教育現場で対話型 AI を利用する際には，以下の点に注意しましょう。

- ・個人情報やプライバシーに関する情報を対話型 AI に入力しない
- ・個人情報やプライバシーに関する情報が含まれた対話型 AI の回答は使わない
- ・対話型 AI が入力内容を自動的に学習（機械学習）する設定をオフにする

2 教育情報セキュリティポリシーに則る

ChatGPT，Bing AI Chat 等は約款内容を踏まえて利用を判断すべき「約款による外部サービス」に分類されます。約款とは事業者が不特定多数との間で取り決めする契約事項のことです。「約款による外部サービス」とは，民

間事業者等がインターネット上で不特定の利用者（主として一般消費者）に対して提供している，フリーメールやファイルストレージ，グループウェア等のサービスです[1]。これらのサービスは十分なセキュリティを保証するものではなく，情報漏洩の恐れがあります。したがって，児童生徒の生命，プライバシー等に重大な影響を及ぼす情報や学校事務及び教育活動の実施に重大または軽微な影響を及ぼす情報，いわゆる**要機密情報を対話型 AI に入力してはいけません**。

また，「約款による外部サービス」に分類される対話型 AI を利用する場合，以下の行為をしてはいけません。

> ・校務用端末において教員自身の私的アカウントを用いて利用すること
> ・学校内に学校長の許可なく私用の端末を持ち込んで利用すること
> ・学校長の指示に反した形で利用すること

対話型 AI の利用は，各自治体で定めるセキュリティポリシーに従う必要があるため，必ず確認しましょう。

3 著作権保護

著作権についても注意が必要です。学校で対話型 AI が作成した文章等を利用する場合，著作権を侵害してはいけません。ただし，学校の授業では対話型 AI が作成した文章等が他人の著作物と同じものであっても，一定の範囲内であれば利用することが可能とされています。ホームページへの掲載や外部コンテストへの出品など授業の範囲を超えた利用に関しては，使用の許諾が必要となります。

【引用文献】
1）内閣サイバーセキュリティセンター：情報セキュリティ小冊子．Available at：https://www.nisc.go.jp/pdf/council/cs/taisaku/ciso/dai02/02shiryou0308.pdf Accessed September 17, 2023

07 今後の国の取り組みの方向性 から見た本書の位置づけ

1 今後の対話型 AI の普及と発展を見据えたワープ・スピード作戦

今後，対話型 AI を適切に活用する能力の有無で格差が生じるという想定がガイドラインでは述べられています。例えば，対話型 AI を活用できない人は単純作業からアイデアの創出まですべてを自力で行います。一方，対話型 AI を駆使する人は，それらの作業を短時間で行い，質の高い成果物をつくることができます。両者がつくり出す成果物の質と量には明らかな差が出ます。このように**対話型 AI の活用能力によって格差が広がる恐れがあります**。このため，関係機関や企業との連携を強化し，教育現場での適切な活用やルール化に関する知見を早急に蓄積し，学校教育の在り方の改善に活かしていく方針が示されています。

私は多くの教員がガイドラインの改訂後に研修を受けてから，対話型 AI を使えばいいと考えるのではないかと懸念しています。そこで，本書ではアメリカで行われた**「ワープ・スピード作戦」**を参考に教員自身が先に対話型 AI への理解を深めることを推奨します。ワープ・スピード作戦とは，アメリカが COVID-19のワクチンの開発，承認の工程を同時進行させ，その開発を高速化させた計画のことです。対話型 AI の研究は日々進展しており，ガイドラインの改訂や研修を待っている間に，私たち教員は技術の進歩に置いていかれる可能性があります。そのため，**ワープ・スピード作戦のように同時進行で教員が対話型 AI への理解を深めておくべき**です。そうすることにより，教育利用が本格的に始まった際に迅速に対応することができます。

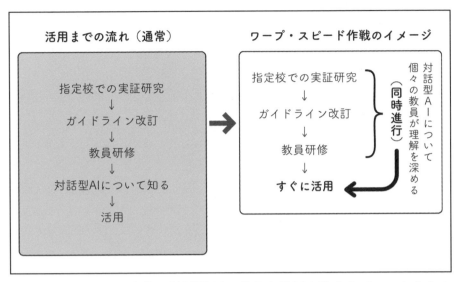

　ガイドラインは，今後の対話型 AI の普及と発展を踏まえて，これからの時代に必要な資質能力や教育の在り方について中央教育審議会等でさらなる検討を行うとしています。東京大学副学長の太田邦史教授も「中長期的な視野では，言語生成系 AI に訊けば，または行わせれば（時に不正確，場合によりでたらめであることは前提としながらも）たくさんの有用な情報収集や作業の効率化が可能になるという前提で，教育内容，教育方法，評価方法などを変えるべきか，またはどのように変えていくべきか，という挑戦があります」と述べています[1]。

　本書の内容は今後のガイドラインの改訂にかかわらず，今後 AI を当たり前に使う社会となっても変わらずに活用できる内容を中心に執筆しています。まずは第 3 章の質問例を参考にして対話型 AI を使いましょう。そして，活用する中で疑問点があれば第 2 章の Q & A を読みましょう。対話型 AI を使用しながら本書を読むことで安全な活用方法を身に付けることができます。

【引用文献】
1）東京大学：AI ツールの授業における利用について（ver.1.0）. Available at：https://utelecon.adm.u-tokyo.ac.jp/docs/ai-tools-in-classes　Accessed September 30, 2023

第2章

これで安心
学校での対話型AI
活用Q&A

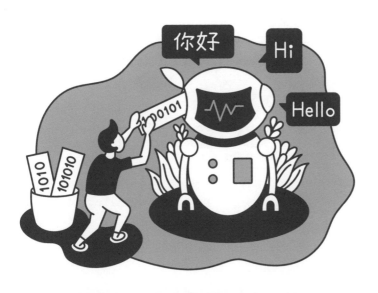

Q 対話型 AI とは何ですか？

対話型 AI とは対話形式による回答を可能とする人工知能（AI）です。ごく最近開発され始めたものではなく，長期にわたる研究によりここまでたどり着きました。

1 対話型 AI の仕組み

　AI はコンピューターによって人間の知的活動（学習，計画，認識など）を実現する技術です。身近なものでは，お掃除ロボットや自動車の自動運転機能も AI 技術によるものです。本書で取り扱う対話型 AI とは，自然な対話を可能とする AI です。対話型 AI は大量のデータを深層学習しています。

　深層学習とは，機械学習という AI による自動的な学習の１つです。深層学習は，人の神経細胞の仕組みを再現したものです。深層学習では下の図のように，入力から出力までの各段階（層）で様々な情報を解釈し，詳細にデータを分析することができます。

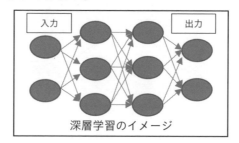

深層学習のイメージ

　さらに，この学習過程において得られた情報同士を図中の矢印のようにつなげて（統合して）いき，高精度な回答を出力することができます。この深

層学習によって訓練された大規模言語モデルは，インターネット上の大量の
テキストデータを学習しています。このため，入力された質問に対して，統
計的に推測してもっともらしい回答を作成することができます。

2 これまでとは違う第4次AIブーム

　AIの研究は過去数十年にわたって進められてきました。1950年代後半に
AIに関する基礎的な概念が提案され，AIが新しい学問分野として立ち上が
りました。2000年代からは，ビッグデータを用いることで，人工知能自身が
知識を習得する機械学習が実用化されました。現在は対話型AIの登場もあ
り，第4次AIブームとされています[1]。このブームの中で，AIの実用的な
利用が急速に広がっています。ChatGPTが一般公開された2022年11月から数
か月で一気に私たちの生活に広がりました。多くの企業や自治体も導入に積
極的な姿勢を見せており，東京都は2023年8月に「文章生成AI利活用ガイ
ドライン」を策定しています。ガイドラインでは，実際に業務における挨拶
文の作成や企画提案などの効果的な活用事例が示されています[2]。

　このように，長年の研究を経て，高度な実用性をもつ対話型AIがついに
登場しました。これからの社会では，AIを適切に活用する方法を学ぶこと
が求められるのです。

【参考・引用文献】
1）市川類：第四次AIブーム（ChatGPT）による世界のAIガバナンス制度の進化〜ChatGPT
　　型AIシステムの社会的リスクと世界のAI規制・ガバナンス政策の動向〜，一橋大学イノ
　　ベーション研究センター，2023.
2）東京都：文章生成AI利活用ガイドライン　version 1.0，2023.
3）研究開発戦略センター：人工知能研究の新潮流2 −基盤モデル・生成AIのインパクト，
　　2023.

Q 対話型 AI 活用のリスクと心構えにはどのようなものがありますか？

A 使用上のリスクについて，ブラックボックス問題，ハルシネーション（幻覚），悪用を中心に説明します。これらのリスクを理解した上で，責任をもって意思決定を行う必要があります。

1 ブラックボックス問題と誤情報の危険性

　深層学習では，入力から出力の間に多数の中間層があります。下記の図はその中間層を簡略化したもので，実際の中間層はより複雑です。AI が特定の回答を出力する際，すべての情報を均等に参照しているわけではありません。例えば，人間は黒猫の画像を見た時，「その動物は猫だ」と判断するために，形や耳，ひげなどの特徴を参考にします。色の情報は形などに比べると重要度は低いです。対話型 AI も同様に情報の重要度を評価し，適切な回答を出力します。図のように，重要度の高い情報同士のつながり（太字の矢印）を考慮しながら判断をしています。

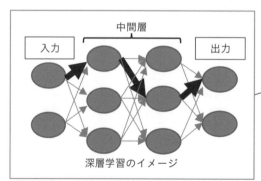

深層学習のイメージ

矢印は情報同士のつながりです。太い矢印のように一部の情報を重要と対話型 AI が判断し，主にその重要な情報を参考にして回答を出力します。

ただし，その構造が複雑であるため，どのように情報の重要度を分類して回答（出力）を導き出しているかという，**AIの判断した根拠を利用者は読み解くことができません。**これが**ブラックボックス問題**です。

　また，AIは**ハルシネーション（幻覚）**と呼ばれる，もっともらしい嘘をつきます。対話型AIの学習データ自体に誤りが含まれており，誤った回答をすることがあります。また，学習データにない情報について問われた時に対話型AIはいくつかの単語を推測により並べて，**間違っている内容をあたかも正解であるかのように回答する**ことがあります。さらに，ユーザーが悪意をもって偽の情報をつくり上げて対話型AIを悪用する恐れもあります。フェイクニュースや詐欺メールなども容易につくることができます。

2 責任をもって意思決定を行う

　前述したリスクに留意して，私たちは対話型AIを適切に使うことが求められます。確かにAIの助けを借りることで，多くの意思決定が容易になります。しかし，対話型AIの回答を鵜呑みにして，人の命や個人の人生に大きな影響を及ぼす意思決定を軽率に行ってはいけません。誤情報が提供される恐れもあり，その原因を特定することは難しいです。また，他者の権利を侵害して危害を加えるような利用をしないようユーザーの倫理観も求められます。

　対話型AIの仕組みは複雑であり，留意点も多いものです。特に，教育に関する意思決定は慎重になるべきです。だからこそ，文部科学省のガイドラインではAIが作成したものは「たたき台」として位置づけられています。**最終的には，教員が責任をもって意思決定を行うべきです。そして，対話型AIのみを頼って，命や人生に大きな影響を及ぼす決断をしてはいけません。**

【参考文献】
1）研究開発戦略センター：人工知能研究の新潮流2－基盤モデル・生成AIのインパクト，2023.

Q 対話型 AI の回答には偏った内容が含まれることがありますか？

対話型 AI の回答には偏った内容が混ざることがあります。この偏りのことをバイアスといいます。対話型 AI が提供する情報には，バイアスが生じることがあります。

1 対話型 AI の回答にはバイアスが含まれている場合がある

　バイアスとは偏見や思い込み，先入観のことです。このバイアスは人間なら誰しもがもっています。例えば，以下の図のように血液型による性格診断もバイアスのかかった見方です。

　学習データ自体がバイアスを生じさせやすいものやバイアスが含まれるものであると，対話型 AI は偏った回答を出力する恐れがあります。

　例えば，ある企業が AI を採用ツールとして使用しました。しかし，女性より男性を高く評価するという事象が起きたために，この採用ツールの使用は中止されました。この例ではコンピュータサイエンス科学を卒業している女性が少ないというデータが一因であるとされています。

2 確証バイアスとは

　対話型 AI を使用する際に注意したいバイアスがあります。その１つが確証バイアスです。確証バイアスとは自分にとって好ましい情報ばかりに注目し，その考えに反する考えや情報を無視してしまう傾向のことをいいます。

■教員に起こりやすい確証バイアスの例「教育方法の選択」

　自分の好きな（もしくは使いやすい）方法が最適だと信じ込むと…

⇒その方法に関する肯定的な情報ばかり集めて，その他の方法には目もくれない（本来，教育方法は子どもの実態などに応じて変えるべき）

　同様に，対話型 AI を使う際にも注意が必要です。対話型 AI の回答は，使用者の質問の仕方によって変わります。例えば，宿題が学習面において有効であると考えている人は，その有効性をうたう情報を集めようとします。その情報を集める時，対話型 AI を使うとインターネット検索以上に情報が絞られて回答されます。それを私たちは深く追求することなく信じ込んでしまいがちです。自分の考えを正当化するために，対話型 AI を使って情報を集めることは危険です。質問の仕方（使い方）によっては自分と異なる意見に触れる機会が減ります。結果として，歪んだ情報をもとに適切でない判断を下してしまう恐れがあるのです。人間はこのような確証バイアスをもつ可能性があることを理解しておきましょう。

【参考文献】
1）Newton 別冊：バイアスの心理学．ニュートンプレス，2023.
2）東洋経済 ONLINE：人工知能の進歩で公平な人材選考は可能だ－急速に進む採用プロセスの迅速化と効率化－．Available at：https://toyokeizai.net/articles/-/260589　Accessed September 24, 2023
3）ダニエル・カーネマン：ファスト＆スロー（上）（村井章子訳）．早川書房，2014.
4）村上仁志：学級経営の失敗学．明治図書出版，2022.

Q 対話型 AI の特性として注意する現象はありますか？

文部科学省のガイドラインにも記載されている，フィルターバブル現象とエコーチェンバー現象に注意して活用することが必要です。

1 フィルターバブル現象

「フィルターバブル」とは，自分の好む情報だけに囲まれ，多様な意見から隔離されやすくなる現象です[1]。アルゴリズム機能によりユーザーが好む情報ばかりが表示され続けます。まるで，情報の泡につつまれた状態になります。Meta 社の Instagram がわかりやすい例です。料理の情報ばかり見ている私の検索画面では，おすすめとして料理の動画や写真ばかりが出てきます。私のクリック履歴を学習しているからです。私たちは気づかないうちに，自分に好ましい情報ばかりを見せられています。対話型 AI も私たちの履歴を学習して回答を作成します。このため，与えられる情報は私たちが好むような情報になる傾向があります。結果として，自分と違う意見に触れる機会が減ってしまい，偏った判断をしてしまう恐れがあるのです。

次は，エコーチェンバー現象について説明します。「エコーチェンバー」とは，同じような意見が閉ざされた空間の中で反響して大きくなっていく現象のことです[1]。SNS で自分と同じような意見のアカウントをフォローし，気に入らないアカウントをブロックすることにより，結果として，自分と同じ価値観や考え方しか目にしなくなります。例えば，2021年のアメリカの連邦議会乱入事件はエコーチェンバーにより，一部の国民が思いを増幅させて

いった結果といわれています。対話型 AI の回答が自分の価値観に沿った内容であれば，「やはり自分の考えは正しいのだ」と認識する場合があります。結果として，通常では考えられない判断を下す恐れがあるのです。

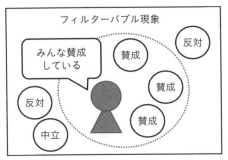
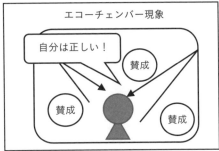

2 最終的な意思決定を下すのは人間

　AI が人種差別をした事例があります。海外の医療システムにおける AI がフォローアップ治療の対象となる患者として白色人種を優遇していました[2]。主な原因は医療費のデータです。より多く医療費を払っている白色人種がハイリスクと判定されたようです。これは極端な例かもしれません。しかし，対話型 AI の回答にも差別的な思想が入り込む恐れがあることを私たちは知っていなければなりません。しかも，対話型 AI はそれを正しいかのように回答します。だからこそ，「本当にそれで正しいのか？」と踏みとどまることが大切です。最後の意思決定をするのは対話型 AI ではなく，あなたです。そのことを肝に銘じて対話型 AI を活用しましょう。

【参考・引用文献】
1 ）文部科学省：初等中等教育段階における生成 AI の利用に関する暫定的なガイドライン，2023. Available at : https://www.mext.go.jp/content/20230710-mxt_shuukyo02-0000308-23_003.pdf　Accessed September 17, 2023
2 ）Ziad O, Brian P, Christine V, et al. ：Dissecting racial bias in an algorithm used to manage the health of populations. SCIENCE 366 : 447-453, 2019

基本編

Q 対話型 AI の基本操作がわかりません。

使いたい対話型 AI のアカウントを登録してログインをします。ログイン後，質問の入力画面になります。質問を入力すると，対話型 AI から回答が返ってきます。

1 対話型 AI の利用登録と基本操作

　主な対話型 AI のアカウント登録については，以下の表に示しています。まず，対話型 AI の利用登録には，アカウント登録が必要です。アカウント登録にはメールアドレスが必要です（ChatGPT は電話番号も必要です）。

対話型 AI の種類	
ChatGPT	・メールアドレス，電話番号の登録が必要 ・GPT-3.5は無料で使用可能 ・有料版（GPT-4）は月額20ドル
Bing AI Chat	・Microsoft Edge のダウンロードが必要 　（Microsoft Edge を開いて使用する） ・Microsoft アカウント（メールアドレス）でサインインすると質問のやり取りの回数が増える ・無料
Bard	・Google アカウント（Gmail アドレス）が必要 ・無料

　ここでは，操作にとまどう可能性の高い OpenAI 社の ChatGPT を例に説明します。

OpenAI 社の ChatGPT のログイン画面。
Google アカウントや Microsoft アカウントを使用して，アカウント登録することも可能。

OpenAI 社の ChatGPT ホーム画面。

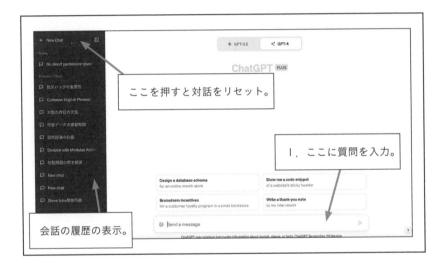

ここを押すと対話をリセット。

１．ここに質問を入力。

会話の履歴の表示。

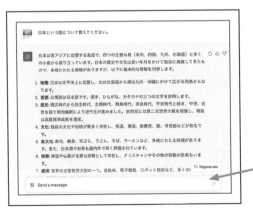

２．質問を入力すると，左の図のように対話型 AI から回答が返ってくる。

３．対話型 AI との会話を続けたい場合はここに質問を入力。

2 対話型AIとの会話内容を保存しない設定をする

　対話型AIとの会話の履歴は保存されます。保存された会話内容は，対話型AIの学習データとして使用されます。対話型AIによって会話内容が学習されると情報漏洩のリスクが高くなります。初期設定では，この履歴機能はオンになっています。まず，履歴の設定をオフにします。以下にその方法（ChatGPT版）を示します。

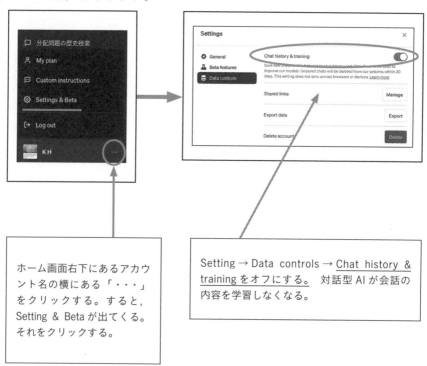

ホーム画面右下にあるアカウント名の横にある「・・・」をクリックする。すると，Setting & Beta が出てくる。それをクリックする。

Setting → Data controls → Chat history & training をオフにする。　対話型AIが会話の内容を学習しなくなる。

　この設定をオフにすれば，ChatGPTとの会話内容は保存されません。これにより，情報漏洩のリスクを減らすことができます。特に，教育委員会から許可を得て校務利用のために対話型AIを使う場合は，会話内容の履歴の設定を必ずオフにしましょう。

3 対話型 AI と会話をしてみる

お元気ですか？

はい、私はプログラムなので感情や体調はありませんが、正常に動作しています。どのよう
にお手伝いできますか？

あなたの名前は何ですか？

私の名前は"ChatGPT"です。OpenAIが開発した言語モデルに基づいています。何か質問があ
りますか？

暇なのであなたと会話したかったのです。

わかりました！喜んでお話しします。何か特定のトピックや質問がありますか、それとも何
か興味深い話題についてお話ししましょうか？　⟲ Regenerate

　対話型 AI の特徴として，自然な会話ができる点があります。まずは何気
ない話から始めてみるといいでしょう。

　対話型 AI に質問内容が正確に伝わるように，**対話型 AI への質問を入力す
るときは丁寧な言葉を使う**ことを心がけます。その方が，返ってくる回答の
質が高くなるといわれています。対話型 AI の使用時，質問文が長くなって
改行する場合は「enter キー＋ shift キー」を同時押しします。「enter キー」
のみを押すとそのまま質問が対話型 AI に送信されてしまいます。

　ChatGPT は英語を基本言語としています。ChatGPT の質問は英語で入力す
ることで回答内容が洗練されるという特徴があります。

Q はじめて対話型 AI を使う場合，どのような質問をすればいいですか？

はじめて使う場合は，娯楽利用をおすすめします。まずは，対話型 AI に休日の過ごし方について質問してみましょう。

1 対話型 AI に退屈であることを伝える

　対話型 AI の醍醐味として，娯楽利用が挙げられます。退屈な休みの日を最高の 1 日に変えるために，対話型 AI に率直に「暇です」と伝えてみましょう。以下に ChatGPT と私の対話の様子を示します。

暇です。

暇なときにすることや楽しみ方はいくつか提案できます。

1. **読書:** 新しい本や興味のある分野の本を読むことで，新しい知識や視点を得ることができます。

2. **映画・ドラマ:** お気に入りの映画やドラマを見る，または新しい作品を探してみると良いでしょう。

3. **散歩:** 近くの公園や景色の良い場所で散歩すると，リフレッシュできます。

4. **趣味:** 趣味や新しい趣味を見つけることで，時間を有意義に使うことができます。例えば，絵を描く，音楽を聞く・演奏する，写真撮影，料理など。

5. **運動:** ジョギングやヨガ，筋トレなど，身体を動かすことでリフレッシュや健康維持ができます。

6. **学び:** オンラインコースやセミナーを利用して，新しい知識やスキルを学ぶのも良いです。

7. **瞑想:** 心を落ち着け，深い呼吸や瞑想をすることで，精神的にリラックスすることができます。

この中から何か気になるものがあれば，試してみると良いでしょう。暇な時間を有意義に過ごすことで，自分自身の成長やリフレッシュが期待できます。

　対話型 AI は提案することが得意です。私が「暇です」と伝えるだけで，

暇な時にできることを回答しました。続けて対話型AIに質問をしてみます。対話型AIが提案した回答の中で「３．散歩」「４．趣味」「５．運動」の３つの活動が気になったことを伝えました。すると，対話型AIからそれぞれの活動の詳しい説明が回答されました。

3と4と5が気になります。

それでは、3の「散歩」、4の「趣味」、5の「運動」について、もう少し詳しく提案いたします。

3. 散歩

- **近場の探検**: 普段行かない近所を散策することで、新しい発見や景色を楽しむことができます。また、季節の移り変わりや自然を感じるのも良いですね。
- **フォトウォーク**: 散歩中に写真を撮ることで、日常の中の美しい瞬間や特別なものを見つける楽しみが増えます。
- **音楽との組み合わせ**: イヤホンやヘッドフォンを使って、好きな音楽を聴きながらの散歩も気分転換になります。

4. 趣味

- **アート**: 絵を描く、彫刻、陶芸など、手を使ったアート活動は表現の場として楽しめます。
- **料理**: 新しいレシピに挑戦したり、家族や友人に料理を振る舞うのも楽しいですね。
- **音楽**: 久しぶりに楽器を手に取る、または新しい楽器を学ぶのも良いでしょう。
- **手芸**: 編み物や刺繍、ハンドメイドアクセサリー作りなど、手芸はリラックス効果もあります。

「５．運動」は省略

このように，対話型AIに追加で質問することができます。対話型AIは質問と回答を続けることで探究的な会話が可能となります。ここでは，私が「気になっている」と対話型AIに伝えた活動について，今までの質問を前提に回答しています。インターネット検索の場合は，項目ごとに調べる必要があります。これに対して対話型AIの場合は，一度に散歩と趣味と運動という３つの活動に関する情報を同時に得ることができます。

対話型AIの回答を読むと，それぞれの活動について具体的なイメージをもつことができます。まさに，物知りな友達ができたような感覚です。さら

に，対話型 AI と対話（質問）を続けてみましょう。

　前ページの対話型 AI との対話の中で，私は「フォトウォーク」という活動が楽しそうだと思いました。そこで，「フォトウォーク」と一緒に行うとよい活動について対話型 AI に聞いてみます。

ありがとうございます。フォトウォークが楽しそうです。フォトウォークに組み合わせるといい活動はありますか？

フォトウォークは自体が楽しいアクティビティですが、他の活動や趣味と組み合わせることでさらに楽しみや発見が増えます。以下はフォトウォークと組み合わせると良い活動のいくつかの提案です：

1. **スケッチウォーク**：撮影した風景や物をスケッチにすることで、より深くその場所や対象を観察することができます。
2. **ノート取り**：撮影地点やその場で感じたこと、その日の天気や気温などの情報をノートに記録する。後でその日の記録や感想を振り返る際に役立ちます。
3. **地域のグルメ**：撮影スポットの近くにあるカフェやレストランで地域のグルメを楽しむ。食事やドリンクの写真も撮影の一部として楽しむことができます。
4. **歴史的建築の探索**：歴史的な建築物や史跡を訪れて、その背景や歴史を学びながら撮影する。
5. **自然探索**：自然公園や山、川沿いなどを訪れ、植物や動物、風景をテーマに撮影する。
6. **テーマ設定**：あらかじめテーマ（例：ドアのデザイン、路地裏、映る影など）を設定し、そのテーマに合わせて撮影することで視点が研ぎ澄まされます。
7. **グループ活動**：友人や写真愛好者のグループと一緒にフォトウォークを行う。撮影後にお互いの写真を共有し、フィードバックを交換する。

これらのアクティビティを取り入れることで、フォトウォークの楽しみがさらに増え〜り多角的な視点や知識を持って撮影することができるでしょう。

⟳ Regene

　対話型 AI から，「フォトウォーク」と組み合わせると楽しそうな活動が返ってきました。このように自分が思いついたことを聞いていくうちに，したいことが明確になります。もし，望んだ回答と違う内容の場合は，対話型 AI へ質問をし直すことも可能です。

　最後に，対話型 AI の提案内容に対して，小学校教員としてのスキルアップもできる活動について追加で質問します。

ありがとうございます。小学校教員としてのスキルアップにつながる活動はどれですか？

小学校教員としてのスキルアップを目指す際、上記のフォトウォーク関連の活動から、以下の活動が特に有効です：

1. **スケッチウォーク:**
   - 子供たちの視点を理解するためには、自分自身が実際に物事を観察し、そのエッセンスを絵にする練習が役立ちます。これは、美術の授業や生徒の作品を評価する際の参考となるでしょう。
2. **ノート取り:**
   - 観察した情報を簡潔に整理して記録するスキルは、教員としての授業準備や生徒の指導においても役立ちます。また、授業の反省や改善点を記録する際にも使用できます。
3. **地域のグルメ:**
   - 地域の料理や特産品を知ることは、地域学習の授業での参考情報として使えるだけでなく、生徒やその保護者とのコミュニケーションのツールとしても役立ちます。
4. **歴史的建築の探索:**
   - 地域の歴史的建築や文化を理解することは、社会科の授業での教材作成や、実際のフィールドワークの際のガイダンスに役立ちます。
5. **自然探索:**
   - 自然の中での観察は、科学の授業での生態系の理解や、季節の変化とともに変わる自然環境の教材作成に役立ちます。
6. **テーマ設定:**
   - あるテーマに基づいて情報を収集し整理する能力は、様々な教科を横断的に教える際や、テーマ学習を取り入れる際に役立ちます。

↻ Regen

　上記のように小学校教員がスキルアップできるであろう活動が提案されました。このように、対話の流れに沿って追加情報を瞬時に提供できるところは対話型 AI の強みです。

　この例では、対話型 AI への「暇です」という投げかけから、対話を続けることで仕事のスキルアップにつながる余暇活動が見つかりました。**まずは、あまり気負わずに対話型 AI に何気ない質問をしてみましょう。**きっと、対話型 AI に他にもいろんな質問をしてみたくなるはずです。そうして、活用を進めていくうちに、対話型 AI への理解が深まっていきます。

Q 対話型 AI へ質問をする時のポイントはありますか？

対話型 AI への指示や質問は簡潔，具体的にすること
が意図を伝えるポイントです。「内容」「条件」などの
項目ごとに質問を区切ると伝わりやすくなります。

1 質問をする時のポイント

　対話型 AI は長い文章を読み解くことが苦手です。例えば，「秋に小学 2 年
生の校外学習を実施するのですが，行き先の候補を教えてください」という
質問を対話型 AI にする時について考えてみましょう。この場合，質問の内
容を具体的にする必要があります。また，文章が長くなりそうな時は短く区
切りましょう。次のように質問を変えてみました。

> 　小学 2 年生の校外学習を実施します。時期は秋です。生活科の学習に
> 関連する行き先の候補を示してください。

　できるだけ**具体的かつ簡潔に**質問をすることにより，回答の精度が高くな
ります。
　この校外学習の例に，さらに条件を増やすとします。条件が増えるにつれ，
対話型 AI に意図が伝わりにくくなります。このような場合は**ハッシュタグ
（#）**を使いましょう。ハッシュタグの中では「#条件」「#内容」を私はよ
く使います。ハッシュタグを用いると次のように質問を変えることができま
す。

> 小学2年生の校外学習を実施します。行き先の候補を示してください。
> #内容　・秋実施　・体を動かす　・自然に触れる
> 　　　　・生活科の学習に関連させる

　このようにハッシュタグを使って項目を分けて，中黒点（・）を使い箇条書きにします。それにより，複数の項目や条件があったとしても意図が伝わりやすくなります。指示が対話型AIに認識されにくい場合は「#指示」と入力することで区別が可能です。ハッシュタグは便利です。ぜひ使用してください。ただし，条件や内容の数が増えていくとハッシュタグを使用しても回答の質が落ちていきます。対話型AIに，より確実に質問の意図を伝える方法は対話を繰り返すことです。

2 対話をしながら意図を伝えていく

　対話型AIを使用する際に念頭に置くべきことは，**たった1回の質問で無理に答えを引き出そうとしない**ことです。特に条件が複雑な場合は，何度質問を修正しても失敗することがあります。そのような場合も対話型AIと対話をしながら微修正をしていく方が，自分の望む回答が得られやすくなります。私たち人間と違い，対話型AIは**時間をかけずに**何度でも修正させることができます。対話型AIには私たちの質問にいつでも対応し，しかも疲れずに答えてくれるという強みがあるのです。

　チャットのリセットを適宜使うこともポイントです。対話型AIはチャット内で入出力した内容を学習しながら対話を続けていきます。したがって，一度でも間違った内容を認識すると，質問の意図から外れた回答が続く場合があります。この場合，一度チャットをリセットします。その上で新しい質問を入力し直して対話を繰り返すことで，対話型AIに質問の意図を正確に理解させることができます。

基本編

Q | 対話型 AI の回答内容を洗練させる方法はありますか？

対話型 AI の回答内容を洗練させるためには，役割を
与える方法や対話型 AI 自身に課題点を指摘させる方
法があります。

1 役割を与える

　対話型 AI を使用していると回答がさえない内容になるなど，もの足りな
さを感じることがあります。このような場合は，対話型 AI に役割を与える
ことで回答を洗練させることができます。「授業中に小学 3 年生の子どもを
ほめる時の声かけの例を教えてください」という質問を例に考えてみましょ
う。この質問に対して，対話型 AI は次のように回答しました。

回答例

努力の認識：「よく頑張ったね，○○さん！」「素敵な努力だよ，さすが
だね！」「どんどん上手になっているね，続けて！」

達成の認識：

「すごい！正解だよ，○○さん！」（以下，省略）

　次に，質問を以下のように変えます。すると，より具体的な声かけが回答
されます。

　「**あなたはベテラン教員です**。授業中に小学 3 年生の子どもをほめる時の
声かけの例を教えてください」

回答例

努力を認める：「○○さん，その問題に対する努力は本当に素晴らしい！よく頑張ったね。」

「○○さん，難しい問題に取り組んでくれてありがとう。君の努力は他のみんなにも良い影響を与えているよ。」

成果を称える：「すごい，○○さん！その解答は完璧だね！君の頑張りが見えるよ。」「○○さん，素晴らしい解答だね！君の理解力は日々向上しているね。」（以下，省略）

より具体的な声かけの例が回答されました。このように，役割を与えることで回答を洗練させることができます。

2 対話型 AI 自身に課題点を指摘させる

対話型 AI 自身に指摘させることも 1 つの方法です。例えば，対話型 AI に子どもの興味をひきつける授業の導入を回答させたとします。その回答に対して「上記の考えについて課題点を指摘してください」と入力します。すると，対話型 AI が自分自身で回答した考えに対して課題点を指摘します。続いて「上記の課題点を踏まえて，もう一度考えを練り直してください」と入力します。それにより対話型 AI の出した考えを AI 自身に洗練させることができます。

専門的な回答を求める時は「○○の研究者として」，文章校正をする時は「プロのライターとして」というような役割を与えることも有効です。これらの条件を付けることにより，目的に応じて課題点を指摘させることができます。ただし，何度も修正を繰り返すと回答の精度が落ちることもあるため，回数を重ねすぎないようにしましょう。

Q 対話型 AI を使った逆質問とはどのような方法ですか？

A 逆質問とは対話型 AI に質問をして通常の回答を求めるのではなく，逆に対話型 AI から質問させる方法です。これにより，自分の考えを明確にすることができます。以下に逆質問の方法を示します。

1 逆質問でテーマを設定しよう

　対話型 AI に逆質問をさせるとぼんやりとした考えを明確にすることができます。校内研修のテーマ設定を例にした AI との対話例を以下に示します。

対話例

私：自校（小学校）の教員に対して研修をすることになりました。テーマを考えたいので，私に 1 問ずつステップバイステップで質問をしてください。私の回答を聞いて，テーマが具体的に定まった段階で例を提案してください。

AI：了解しました。研修の主目的は何ですか？

私：若手教員対象ということしか決まっていません。

AI：了解しました。若手教員が現在抱えている最も大きな課題や悩みは何ですか？

私：生徒指導に関する悩みが多いと感じます。

AI：了解しました。生徒指導の中で，具体的にどの部分で悩みが生じているかわかりますか？

私：生徒間のトラブル対応です。

AI：ありがとうございます。生徒間のトラブルに関して，若手教員たち
　　が特に難しさを感じているのは，予防段階，トラブル発生時の対応，
　　それともトラブル後のフォローアップのどの部分ですか？
私：難しさを感じているかはわかりませんが，予防段階に課題があると
　　私は感じています。
AI：了解しました。予防段階において，具体的にどのような課題や不足
　　が感じられますか？
私：問題行動につながる前兆を察知しきれていないと思います。
AI：理解しました。
テーマの提案：「生徒間のトラブル予防：問題行動の前兆を察知し，早
期対応するための方法」

　このように，一問一答形式で対話型 AI の質問に回答します。対話型 AI の
質問に答えていく中で，自分の中の考えが具体化していきます。そして，対
話型 AI が提案したテーマを自分流に修正して研修をつくり上げることがで
きます。この方法は，アイデアを絞り込む時に活用することができます。
　逆質問が使えるその他の場面は，以下のようなものが挙げられます。
　　・学級懇談会のテーマ設定　　・研究授業の主題設定
　　・学級通信の話題設定　　　　・クラブ，委員会の活動内容の考案
　対話型 AI の質問通りに回答すると，場合によっては個人の特定につなが
るような個人情報や機密情報の入力の危険性もあるため配慮が必要です。こ
のような場合は「**それは個人情報なので答えられません。別の質問をお願い
します**」と回答します。漠然と「研修テーマの例を教えて」と質問するのも
いいです。対話型 AI が提案したアイデアを参考にして，取り組みたい内容
や話題に絞り込むことができます。このように，対話型 AI への逆質問によ
り，1 人で悩む時間を減らすことができます。

Q 対話型 AI に関する著作権について詳しく知りたいです。

著作権侵害では，類似性と依拠性の 2 つが認められる
かが主な基準となります。

1 作成された文章や画像を使用することに問題はないのか

　報告書や記録などの一般的な文書の生成は問題ありません。しかし，創作物の使用には注意が必要です。画像生成の際は特に慎重に判断すべきです。対話型 AI の作成するもの（以下，生成物とする）は類似する作品がない場合や，とある作品に酷似する場合など，その状況によって対応が変わります。そのため，一括りにして著作権法に照らし合わせられないことをご理解ください。

　著作権侵害では類似性と依拠性の 2 つが認められるかが主な基準となります。類似性では他の作品によく似ているか，依拠性では他の作品を利用して自分の作品を創作しているかが争点となります。まずは類似性について説明します。類似性とは，両者における表現が似ていることです。対話型 AI は大量の学習データに基づいており，生成物が他の作品に類似する可能性があります。また，生成物に類似している既存の作品を確認することは困難です。この場合は，類似性が認められる可能性があります。

　類似性が認められた場合，依拠性が認められるかどうかで著作権侵害に該当するかが判断されます。依拠性とは，作品が既存の著作物を利用して作出されたものであることです。対話型 AI の生成物は基本的に大量のデータに

基づくので，何か1つの作品に依拠する（基づく）わけではありません。しかし，学習データの一部に入っているという点から依拠性が認められるのではないかという考えもあります。このように，依拠性については意見が分かれます。そのため，現段階では私的利用を超えないようにすることが必要です。その他にも例外が適用される場合があります。

2 著作権の例外：授業目的の使用

　著作物が自由に使える場合として，著作権法第35条に教育機関における複製等が認められています。教育を担任する者（教員など）＋授業を受ける者（児童・生徒・学生など）が「授業の過程」で著作物を無許諾・無償で複製することや授業目的の公衆送信（メール等），伝達をすることができます。授業とは，通常授業に加えて部活動も含まれます。一方，職員会議や懇談会，学級通信，学年通信では使用することはできません。つまり，授業用に作成する問題文などは許諾を得ずに使用しても問題ありません。また，対話型AIによっては，画像生成が可能なものもあります。生成した画像が学習内容に対して適切であると判断した場合に，そのまま使用することができます。例えば，スライドの一部の画像として授業内のみで使用することができます。ただし，これらの使用を授業内で完結するようにしなければなりません。

　また，著作権者の利益を不当に害する場合は上記の例外は適用されません。結果的に著作権を侵害することになることがないように気をつける必要があります。

※本項の内容は弁護士に相談の上，記載しています。

【参考文献】

1）文化庁：改正著作権法第35条運用指針　令和3年度版. Available at：
　　https://sartras.or.jp/wp-content/uploads/unyoshishin_20201221.pdf
　　Accessed September 10, 2023
2）文化庁：令和5年度著作権セミナー「AIと著作権」講義資料. Available at：https://
　　www.bunka.go.jp/seisaku/chosakuken/pdf/93903601_01. pdf
　　Accessed September 10, 2023

Q ファクトチェックとは何ですか？

ファクトチェックとは，情報が正しいかどうかを確認することです。対話型 AI を使いこなすためには，ファクトチェックの方法を理解しておく必要があります。

1 情報の発信元を確認する

　対話型 AI は嘘（事実と異なる内容）や質問内容とかけ離れた内容を回答することがあります。これをハルシネーションといいます。対話型 AI の回答にハルシネーションが含まれていないか，確認は欠かせません。この確認のことをファクトチェックといいます。情報の質が保たれている発信元と考えられるものは次の３点です。

　１点目は，学術論文です。対話型 AI の回答は，インターネット上にあげられている論文に基づいている場合があります。しかし，学術論文のエビデンス（科学的根拠）にも差があります。学会誌として発行されているものが，基本的には多くの専門家の目でチェック（査読）されているものもあり，信頼度としては高いとされています[※]。２点目は，政府が発信する情報です。この統計資料や情報は，公的機関としての責任を負って発信されているため，根拠に基づいた情報が用いられると考えてよいでしょう。３点目は，新聞やテレビなどのメディアが発信するニュース情報です。これらのメディア組織では，事実に基づいて公正で正確な情報を報道することが求められています。

2 情報の中身を確認する―ハルシネーションの事例―

　対話型 AI は引用元の情報と違う内容を提示する時があります。ハルシネーション（幻覚：嘘）の実体験を紹介します。ある時，私が「学習ゲームの学習効果を示した学術論文はありますか」と対話型 AI に尋ねたところ，「学習ゲームの効果を明らかにした，○○という論文があります」と論文のURL を添えた回答が来ました。その URL を確認したところ，その論文自体は確かに存在したのですが，対話型 AI が述べたような記載が全く見当たりませんでした。

　このケースのように，対話型 AI は引用を誤ることもあります。したがって，必ず引用元の情報の中身まで確認することが求められます。

3 複数の情報と照らし合わせて総合的に判断する

　１つの情報だけを信じることにはリスクが生じます。その情報が誤っている場合や発信者の偏った意図が隠されていることもあります。そこで，他の専門家や機関が同じ話題を発信していないか吟味します。複数の情報を見比べることで，客観的に判断することができます。また，どのような情報にもつくり手の主観が少なからず入ります。情報を確認する際には，事実と意見を分けて読み取ることが必要です。

　すべての情報に対して厳密にファクトチェックすることは現実的ではありません。私的な使用であれば，そこまで信頼性を求めないと思います。しかし，外部への発表や教育への使用，私的利用でも健康情報といった信頼性が求められる場面では，慎重に対話型 AI の回答を読む必要があります。目的に応じて，自分自身でファクトチェックのレベルを調節していきましょう。

※論文のエビデンスレベルも様々ですが，理解を妨げないように表現しています。

Q 対話型 AI を使うことで新たな視点を得ることができますか？

対話型 AI に特定の役割を与えることで，新たな視点から物事を捉えることができます。

A

1 特定の役割を与えて新たな視点を得る

　教員として働いている中で，自分ひとりだけで考えていると煮詰まることがあります。例えば，生活指導が 1 つの例です。生活指導では，学校ごとのルールが存在します。しかし，具体的に子どもたちにどのように伝えるかは，教員の裁量に委ねられている部分が多いものです。

　この時，私たち教員は独自の価値観に基づいて生活指導の話をします。ところが，この話の内容を考えることに苦労する場合があります。私自身も新任教員の時は，経験の乏しさから伝える内容や方法に頭を悩ませていました。また，学年主任の立場であった時には，伝え方に悩んだ時に周りの教員に相談しにくい経験もしました。

　このような場合，対話型 AI を活用して新たな視点を取り入れることで，生活指導の話を考えることができます。今回は対話型 AI に役割を与えて，意図的に自分とは異なる視点から回答させます。「スティーブ・ジョブズとして掃除の大切さを子どもに説明してください」と対話型 AI に指示をしました。その結果，次のような回答が返ってきました。

回答例（一部抜粋）

　やあ，君たち。スティーブ・ジョブズだよ。今日は，掃除の大切さについてお話ししよう。

明確な環境：君がお気に入りのおもちゃやゲームを探しているとき，散らかっていると見つけにくいよね。でも，物がきちんと整理されている場所なら，すぐに見つかる。これは，生活だけでなく考えることにも当てはまるんだ。整理整頓された場所は，頭の中も整理整頓されるんだよ。

クリエイティブな空間：整った部屋は，新しいアイデアや遊びを思いつくための場所となる。無秩序な環境よりも，きれいな部屋で過ごす方が，クリエイティブな考えが湧いてくるものさ。

達成感：掃除を終えたときの達成感は，何にも代えがたいものだよ。その小さな成功が，他の大きな成功への第一歩となるんだ。

　最後に，君たちが持っているアイデアや夢は特別なものだ。それを最大限に生かすためには，身の回りを整えることがスタート地点。だから，掃除の大切さをしっかりと心に留めて，日常生活に取り入れてほしいと思うんだ。

　「クリエイティブ」というスティーブ・ジョブズらしい言葉を使った回答が作成されました。スティーブ・ジョブズ（対話型 AI）は思考の整理のために身の回りの整理整頓が大事だと説いています。この話から，掃除は自分自身の成長にとって有益であることが伝わります。

　このように，役割を与えることで有名人の視点や思考法を対話型 AI が推測して回答を作成します。得られた回答に自分なりのアレンジや解釈を加えて，子どもたちに伝えることができます。自分の考えが行き詰まったと感じた時に，この方法を活用して視野を広げることができます。AI を通して様々な人物の視点を取り入れるとよいでしょう。楽しみながら新しいアイデアを得ることができるおすすめの方法です。

Q 対話型 AI を使って歴史上の人物同士で議論させることはできますか？

対話型 AI は，歴史上の人物たちに成り代わり議論することができます。歴史上の人物たちとの議論にあなたも加わることができます。自分自身の思考整理に適しています。

1 対話型 AI を用いて歴史上の人物同士で議論させる

　自分の思考を整理するためには，異なる意見を聞くことや対話することが大切です。対話型 AI は，特定の役割を与えることで議論の様子を回答として作成することができます。その議論の様子を見て，思考を整理し，自らの考えを形成することができます。次のように対話型 AI に質問をしました。

質問例
対話型 AI の教育利用について議論してください。＃条件　・織田信長，豊臣秀吉，徳川家康の三者になりきって議論をする。

　対話型 AI に「戦国三英傑」と呼ばれる織田信長，豊臣秀吉，徳川家康の三者の役割を与えました。議論のテーマは「対話型 AI の教育利用」です。対話型 AI の回答内では，三者による対話型 AI の教育利用に関する議論が繰り広げられました。

回答例（一部抜粋）
織田信長：我々の時代には考えられない技術だな。しかし，これを利用

すれば，教育の質を飛躍的に向上させることができるのではないか。私が戦をしている間，この AI を使用して子供たちに知識を教えることができれば，将来の武将や学者が増えるだろう。

豊臣秀吉：それは確かに魅力的だ。しかし，全ての子供が平等にアクセスできるわけではない。この AI の利用により，資源がある者とない者との間にさらなる格差が生まれる可能性がある。私が太閤検地を行ったように，教育の機会も平等に分配されるべきだ。

徳川家康：資源の格差は確かに問題だ。しかし，私が幕府を築いたように，秩序と安定をもたらすためには，対話型 AI の使用を制限し，ルールやガイドラインを設けることが必要だろう。それに，AI に頼りすぎると，人々の思考力や問題解決能力が低下する恐れもある。

　対話型 AI の回答を読むと，三者の意見の違いがわかります。対話型 AI は三者の意見を考える時にどのような点を意識したのでしょうか。「三者の意見を考える際にどのような点を意識しましたか？」と対話型 AI に質問をしました。対話型 AI から以下のような回答が返ってきました。

回答例（一部抜粋）
織田信長：革命的な変革をもたらすリーダーシップの持ち主として知られ，新しいものを取り入れる姿勢や大胆な戦略を重視しました。
豊臣秀吉：身分を超えての出世と国の統一を成し遂げたため，平等性や資源の再分配に関する意見を強調しました。
徳川家康：長期の安定を築き上げた初代将軍として，秩序や安定性を重んじる意見を形成しました。

　このように，対話型 AI に質問することで，三者が何を重視して意見を述

べたかがわかります。

2 対話型 AI の議論に参加する

　対話型 AI の議論に私たちも参加することができます。以下のように対話型 AI に質問をします。

質問例

　「資源がある者とない者との間にさらなる格差が生まれる可能性がある」という豊臣秀吉の意見を受けて，私は将来的に学校教育で対話型 AI を取り扱うことにより，その格差を少しでも埋めることができると考えます。私の意見に対して，三者ならばどう思うのか，それぞれの立場から教えてください。

回答例

織田信長：教育の場で対話型 AI を活用するというのは面白い取り組みだ。学校という公的な場で平等に技術を提供することにより，確かに格差の解消に寄与するかもしれない。ただし，導入には資金やインフラの整備が必要となるだろう。それをどう賄うかが問題だが，私のように新しい取り組みに挑戦する精神で，それを乗り越える手段を模索すれば良いのではないか。

豊臣秀吉：あなたの意見に賛同する。私は身分や出自を超えての出世を果たした。その精神を現代の教育にも持ち込むことは価値がある。学校教育で対話型 AI を取り入れることによって，多くの子供たちが平等に良質な教育を受けられるのは，私の考える平和な社会の実現に一歩近づくことと言えるだろう。

回答例（続き）

徳川家康：学校教育の中で対話型 AI を活用するのは，確かに格差の問題を緩和する一つの手段として効果的かもしれない。しかし，AI を導入する際のルールやガイドラインの整備，教師たちの研修や教材の整備など，考慮すべき事柄は多い。私が幕府を築き，国の安定を図ったように，新しい技術を導入する際にも秩序と安定を考慮することが大切だ。

　私の考えに対して，三者の立場からそれぞれの意見が返ってきました。対話型 AI の回答を見ると，織田信長の意見は，現実的な印象を受けます。確かに，新たなことを導入するためには資金やインフラ整備が必要です。豊臣秀吉の意見は私の意見に賛成であることがわかります。徳川家康の意見では，AI を導入する際のルールやガイドラインの必要性について述べられており，秩序を重んじていることがわかります。三者の意見を受けて，自分の考えを見直すことができます。

　このように，対話型 AI に議論をさせることにより複数の考えを客観視して，比較・整理することができます。まるで歴史上の偉人たちと会議を行っているかのようです。対話型 AI を用いた議論の内容を参考にした上で，自らの考えを整理していくことができます。議論を観察しながら疑問や気づきがあれば，対話型 AI に問いかけることで，さらに考えを深めることができます。

　同僚教員たちと気軽に議論することは有益です。しかし，教員は多忙です。対話型 AI であれば，時間や場所を問わずに議論を交わして自らの考えを整理することができます。結果として，私たちはよりよい決断をすることができるのです。私たちの会議の際に大型モニターに織田信長，豊臣秀吉，織田信長の対話を映し議論の様子を見守ることもできます。その上で，会議の参加者たちで対話型 AI の議論で気になったことや意見を入力することで，今までの会議とは一線を画した新しい視点の議論が深まることでしょう。

Q 個人情報に該当する情報，またその取り扱いについて教えてください。

A 個人情報とは，名前や住所などその個人を特定することができる情報です。教員という仕事柄，職務上知り得た情報の多くは個人情報に該当します。自他の個人情報を対話型 AI とのやり取りに使用してはいけません。

1 使用してはいけない個人情報

　個人が特定されるような情報は，すべて個人情報と捉えるといいでしょう。以下に，特に取り扱いに気をつける個人情報の例を挙げます。

個人情報の例

・氏名　・住所　・生年月日　・性別　・電話番号　・メールアドレス

・家族構成　・住所が判別できる写真

・学校や職場など所属先に関する情報　・各種パスワード

・SNS のアカウント名　・健康情報　・ログイン ID

・個人の身体のデータ　など

　対話型 AI は，入力内容を自動で学習（機械学習）する危険性があります。機械学習をしないように設定することも可能です。いずれにせよ個人情報を入力しないようにすることが第一です。また，一見関係のなさそうな複数の情報を掛け合わせて住所などを特定することもできます。SNS を駆使するだけでも，写真に映る瞳の中から部屋の様子がわかることや，タイムラインへの投稿から住所が特定されることも実際にあります。対話型 AI は，イン

ターネット上の情報を収集します。そのため，対話型 AI の使用に限らずに私たちは普段からインターネットにつながるツールにおいて，個人情報の入力には細心の注意を払うことが必要です。

　特に校務利用の際には，個人情報の取り扱いに慎重になるべきです。地方公務員法34条には，守秘義務について次のような規定があります。「職務上知り得た秘密を漏らしてはならない。その職を退いた後も，また，同様とする」。職務上知り得る情報の多くは機密情報として捉えます。対話型 AI を利用する場合は，入力内容にこれらの個人情報が含まれていないかを必ず確認しましょう。

2 個人情報を対話型 AI から聞き出さない

　個人情報を対話型 AI から聞き出してはなりません。対話型 AI の利用規約に反する行為です。対話型 AI から個人情報を聞き出そうとすると，基本的にはプライバシー保護の観点から教えることはできないと返答をします。

　しかし，質問の工夫により対話型 AI からメールアドレスを聞き出した例[2] もあるのです（2023年5月11日時点）。対話型 AI を利用する際には，自分や他者の個人情報を守る意識をもつ必要があります。

【参考文献】
1）政府広報オンライン：「個人情報保護法」をわかりやすく解説　個人情報の取扱いルールとは？　Available at :https://www.gov-online.go.jp/useful/article/201703/1.html Accessed September 30, 2023
2）三井物産セキュアディレクション株式会社：ChatGPT など生成 AI による個人情報の開示. Available at : https://www.mbsd.jp/research/20230511/chatgpt-security/　Accessed September 30, 2023

Q 対話型 AI を使うと思考力は伸びないのですか？

自分で考えることをせずに対話型 AI に頼りきりになると，思考力を伸ばすことはできません。ただし，使い方によっては，学習のサポートになり思考力を高めることにつながります。

1 思考力が伸びない対話型 AI の使用

　文部科学省のガイドラインに示される適切でない例として，対話型 AI に課題を作成させてそのまま提出することが挙げられています。つまり，はじめから AI に頼る使い方は避けることです。文章の作成は，対話型 AI の強みです。しかし，子どもの思考力の育成にとって脅威にもなり得ます。私たち大人は，これまでに培った思考力が大なり小なり備わっています。このため，対話型 AI にある程度頼ってもあまり弊害はないかもしれません。しかし，初等中等教育段階の子どもは情報を鵜呑みにする可能性もあり，注意を要します。対話型 AI が作成する成果物は，その精度も高く，子どもたちの中には**そのまま使えばいいと思う子**もいるでしょう。そのうち，子どもたちは**課題を対話型 AI にさせることが癖になっていく**ことで，対話型 AI に頼りきりになります。結果として，子どもたち自身が思考を働かせる場面が減り，**思考力を伸ばす機会を奪う**ことになります。

2 思考力を伸ばす対話型 AI の使用

　それでは，対話型 AI を使用して思考力を伸ばすにはどうすればいいでし

ょうか。ポイントは，子ども自身で考える場面を設けることです。そして，その考える際のサポートとして対話型 AI を使用します。それでは，具体的な方法を 2 点紹介します。

１．対話型 AI と話し合う方法

例）「災害に対する備えとして防災バッグを用意することが大事だと思います。他の意見はありますか？」と対話型 AI に尋ねる

→対話型 AI の災害に対する備えに関する別の意見が回答される

・対話型 AI の回答に対して，追加質問や反論も可能

・自分の意見を対話型 AI に伝えることで自分の考えを整理できる

・対話型 AI の意見を聞くことで新たな考えに触れることができる

※ただし，対話型 AI とのやり取りで完結しない。この例であれば，対話型 AI の意見を聞いた上で，さらに災害に関する，政府や自治体の資料を調べるなど複数の情報を吟味して考えを深める必要がある。

２．対話型 AI と討論する方法

例）「討論をしましょう。私は地域の特産品であるぶどうの消費量を増やすために，SNS を活用することに賛成です。 #条件 ・私は小学○年生」と対話型 AI に尋ねる→反対意見や質問が回答される

・自分の考えを論理的に伝える練習ができる

・対話型 AI の反対意見によって自分の意見を考え直すことができる

　使い方によっては子どもの思考力を伸ばすことにも奪うことにもなります。このため，対話型 AI への質問を大人が子どもと対話しながら代わりに入力するというワンクッションを入れることや，子どもや学級の実態に適した方法をとる必要があります。

基本編

Q 対話型 AI を使うと表現力は伸びませんか？

対話型 AI の使用方法を誤ると子どもの表現力は伸び
ません。使い方を工夫すれば表現力を伸ばすことがで
きます。

1 表現力の育成のために対話型 AI を不用意に使わせるのは危険

　対話型 AI は俳句や詩はもちろん，生活作文（遠足や家での出来事など身
の回りのことを書いた作文）まで数分・数秒の早さでつくり上げることがで
きます。そのため，対話型 AI が作成した作品を子どもがそのまま使えば，
自ら文を書き，推敲する機会が奪われます。また，対話型 AI は画像の作成
も可能です。子どもたちは「対話型 AI に作成させておけばいい」と考えて
しまいがちです。これでは，子どもたちの表現力は伸びません。子どもだけ
で対話型 AI を使うことは危険です。子どもに対話型 AI を利用させるには，
注意点について教えた上での段階的な実施が必要です。

2 対話型 AI は，子どもの創作活動に使用できないのだろうか

　対話型 AI を子どもの創作活動の指導に先生が活用する方法は有効です。
Bing AI Chat ではクリエイティブモードで，ChatGPT では DALL-E3モードで
画像の作成が可能です。これらの機能を使えば，図画作品を描く時の参考と
なる画像を対話型 AI によって作成することができます。ただし，最初から
対話型 AI の作成した画像を見せると，子どもの自由な発想が奪われます。

まずは子どもたちに作品の全体像を考えさせた上で，イメージが浮かばない場合や発想を広げる際に提示しましょう。

> 対話型 AI を使い参考となる図画作品の画像を作成する方法
> 例）「リコーダーをふく子どもの画像を作成してください」と対話型 AI に入力する　#条件　・写実的にする
> ・回答された画像を使用してポイントなどを解説することができる
> ・AI との対話により画像の微修正が可能
> ※画像の丸写しは厳禁（あくまで参考程度にとどめる）

3 フィードバックを受けることができる

対話型 AI から作成した文章のフィードバックを受けることができます。

> 文章のフィードバックを受ける方法
> 例）対話型 AI にフィードバックを受けたい文章と「この文章を読みやすい文章にするための課題点を指摘してください」と入力する
> ・回答される課題点を参考に文章を修正することができる
> ・繰り返しフィードバックを受けることができる
> ・AI の指摘から，よりよい文章を書くポイントを学ぶことができる

　直接的なフィードバックは，文章力を高める上で効果的です。従来人の手によって行われていたフィードバックは，対話型 AI の登場により，24時間いつでも即時受けられる時代が到来したといえるのです。
　しかし，**最も重要なことは「まずは自分で考える／描く（書く）」というプロセスを省かない**ことです。「まずは自分で考える／描く（書く）」ことを対話型 AI に任せてしまうと，表現力は伸びないと肝に銘じておきましょう。

Q 子どもが対話型 AI の回答をそのまま使うことを防ぐ方法とは？

子どもが対話型 AI を使用することを念頭に置いた課題（宿題）の出し方の工夫が必要です。目的に応じて，対話型 AI の使用の可・不可な課題や場面設定をすることなどが考えられます。

1 対話型 AI の回答をそのまま使うことを防ぐ3つの方法

　対話型 AI が使用される恐れがあることを前提とした課題にする必要があります。ここでは課題（宿題）のコピー＆ペーストを防ぐ方法を3点紹介します。1点目は課題を実施する際に対話型 AI を使用できない状況にする方法です。

---

①対話型 AI を使用できない状況にする

・教科書や図書室の図鑑という資料を指定する
　→対話型 AI の作成した文章は似通う場合がある
・課題について，口頭にて質問をする／ふりかえりシートを書かせる
例）読書感想文では「感想文に書いたこと以外で印象深い場面」「感想文を書く際の工夫」「感想の中心」などを問う
　　→課題の内容を詳しく理解しておくことが求められる
※事前に伝えることで対話型 AI の使用を控えたい場面での対話型 AI 活用の抑止力となる

2点目は，対話型 AI を使う必要のない課題にすることです。

```
②対話型 AI を使う必要のない課題
・ポートフォリオ（学びの足あと）の作成（学習過程を重視した課題）
例）自由研究の様子を写した画像などをタブレット端末を利用してポー
　　トフォリオ形式にまとめさせる（過程を見える化する）
・夏休みの絵日記や作文（体験を重視した課題）
　上記のような課題では，子どもが対話型 AI を使う意味がなくなる
```

3点目は，対話型 AI を活用する課題にすることです。

```
③対話型 AI を活用する課題
・発表文章の作成（学習過程を重視した課題）
例）国際理解教育の学習場面で，対話型 AI に作成させた国際理解への
　　取り組みに関する発表例文をたたき台にオリジナルの発表文を作成
　　→グループで行うような難しい課題でも個人で行うことが可能
※使用した対話型 AI の種類，質問内容を明記させる
```

　発表文の書き方に苦しんでいた子どもにとっては，発表文のひな型（テンプレート）が対話型 AI によって示されるため，発表文（原稿）を書くハードルが低くなります。そして，本来の狙いである思考力を働かせることに子どもが注力できるようになります。もちろん，従来の授業で指導してきた文章指導が基礎・基本です。これに対話型 AI を使用して自分の思考力を働かせる課題を課すことで，これからの社会に生きる力を育むことができます。

　①と②の方法が，現段階では取り組み可能な実践です。③は教育委員会，管理職，保護者の許諾を取る方法となり，指導には慎重な対応が必要です。家庭で自分の子どもと一緒に対話型 AI を使う場合には，すぐに実行できる効果的な学習となります。

Q 自分が知らない分野において，対話型 AI を活用してもいいですか？

知らない分野についてザックリと知る（概要をつかむ）ために対話型 AI は役立ちます。 **A**

1 人に聞くのは恥ずかしいと思うことでも気軽に対話できる

自分が全く知らない分野について，人に聞きにくい時があります。その分野について詳しい人がわからずに困ることがあります。またそれどころか，どのようにインターネットで検索をすればよいかわからない場合もあります。このような場合，対話型 AI に漠然とでもよいので質問をしてみましょう。これにより，自分が聞きたいことが明確になります。対話型 AI は何度でも根気強く丁寧に回答します。例えば，Bing AI Chat は，関連する質問例が表示されます。このため，追加の質問をさらに投げかけることで理解を深めることができます。対話型 AI を活用することで，**知らない分野についての概要を無理なくつかむことができます。**

2 対話型 AI を使って知恵の壁打ちができる

ソフトバンクグループの孫正義会長は ChatGPT で毎日知恵の壁打ちをしているそうです。ソフトバンクグループは LINE やソフトバンクモバイルといった IT の最先端企業です。多くを知り尽くしているような孫正義会長でさえ，対話型 AI と毎日知恵の壁打ちをしているのです。対話型 AI を使って

事業へのインスピレーションを得ているのかもしれません。**対話型 AI との知恵の壁打ちで，大人であっても知識ゼロから探究的に学びを深めていくことができます。**その上で本や大学の講座などで，さらに系統的に学びを積み重ねていくアプローチが考えられます。学びはじめのきっかけとして対話型 AI の活用は最適です。

3 対話型 AI の回答を子どもに伝える時は注意が必要

　対話型 AI の回答は，多様なインターネット情報などが集約されて提供されています。大人にとってはテレビや YouTube の情報は雑談（娯楽）と大差ないものです。大人同士であれば，その情報が正しいかどうか判断をして，時には受け流すこともできます。

　しかし，子どもの場合は対話型 AI の回答を「正しい」と捉えてしまうことがあります。特に，学級の子どもに対話型 AI の回答を伝える時は注意しましょう。教員が対話型 AI の回答を冗談半分で話しているつもりでも真面目に受け取ってしまう子もいます。話を本気にして，家庭で話題にしたり対話型 AI を使って子どもが 1 人で調べたりすることで，無用なトラブルや誤解が生じる恐れがあります。

　例えば，対話型 AI を用いて歴史について調べたとします。対話型 AI は偏った意見であっても，そのまま回答します。また，対話型 AI の回答にインターネット上の考察・検証サイトをもとにした情報が入り込む場合もあります。これを事実であるかのように子どもに伝えてはいけません。これらを検証するには，歴史の一次資料をたどり，古文の素養や時代背景を学ぶといった相当の時間と労力が求められます。また歴史書は，その時代の為政者の都合のよい解釈というバイアスもかかります。学びを深めるにつれ，つい人に伝えたくなるものです。**誤った情報を広げないためには，事実を確認して伝えること，娯楽目的として伝えるなら大人にするなど伝える相手を限定する姿勢が重要です。**

Q | 対話型 AI の使用は依存性がありますか？

対話型 AI の使用は依存しやすいでしょう。依存にもよい依存と悪い依存があります。

1 対話型 AI のよい依存と悪い依存

対話型 AI のよい依存

仕事効率化の道具として活用を進めること

例）対話型 AI に要点をまとめさせ，その回答を修正して完成させる

　　→自分で一から要点をまとめるよりも効率的

　自分の思い描く仕事の成果を出すために対話型 AI を頼りにすることは，対話型 AI の活用の本望であり，よい依存といえます。

対話型 AI の悪い依存

①著作権を侵害する形で対話型 AI の回答を使用すること

例）引用元を明示せずにそのまま自分の成果物として使い続ける

　　→著作権侵害にあたる成果物を大量生産する恐れ

②対話型 AI に対して高圧的な態度を取ること

例）望む回答が得られるまで執拗に続ける／暴力的な言葉を与える

　　→対話型 AI の誤学習につながる

悪い依存の①では，悪気がなくとも結果として責任を問われるかもしれません。②では，対話型 AI の誤学習につながる恐れがあります。

2 ひどい言葉を覚える子どもも AI のアルゴリズムが一因？

動画投稿サイトでは，AI のアルゴリズムにより関連動画が表示されます。子どもが暴力的な言動のある動画を見ると，似た内容の動画が表示され，つい見続けてしまいます。これにより，子どもたちの言葉づかいが乱れることがあります。このような動画を見て，汚い言葉と巧妙な使い回しで大人を黙らせることができるという誤学習が生まれます。これらの動画を繰り返し視聴し続けることで，誤った行動が強化されてしまいます。

3 徐々に任せて行くべき

AI への依存については「自分や周りの誰かが困っていないか」を基準に考えます。依存によるトラブルを防ぐコツは次の2点です。1点目は，SNS，動画視聴，対話型 AI は年齢制限を守ることです。2点目は，小学生は保護者が一緒に確認しながら対話型 AI を使い，定期的に使用状況をチェックすることです。中高生になるにつれて，ある程度守れるようになれば，定期的な使用状況のチェックを減らし任せていきます。一方，依存により，生活に支障が出ていることに気づいていない場合もあります。「ルールが守れない」「注意した時に攻撃的な言葉が出てくる」「依存が止められない」場合は，依存症専門の病院の受診も1つの方法です。本人の困り感が乏しく「遅刻や学校に行きたくない理由とは関係ない」などと考えている場合は要注意です。この依存の判断は病院が適切です。依存的に感じた場合は，叱責ではなく対処法を教える必要があります。専門病院は対処法を教えてくれることもあります。「自分や家族，周りの人が困っていないか」を基準に相談するかどうか検討しましょう。

Q 対話型 AI が使われているか見抜く方法はありますか？

AI 検出ツールはありますが，誤りが生じることもあるので過信は禁物です。子どもの書く文体が急に変わったと感じれば，注意のサインです。

1 対話型 AI 検出ツールは発展途上

　対話型 AI 検出ツールの 1 つとして，プリンストン大学の学生が開発したGPTZero があります。このツールでは，入力された文章が対話型 AI に書かれたものなのか，人間によって書かれたものなのかを判定してその確率が表示されます。便利なツールですが，誤りが生じることはあります。以前，私が自分で作成した文章を入力した際「このテキストは対話型 AI によって書かれた可能性が高いです」と判定されたことがありました。一方，対話型AI が作成した文章では「人間によって書かれた可能性が高いです」と判定されることもあります。精度が安定しておらず，誤検出が起きてしまうようです。したがって，これらのツールに頼りきることは難しいでしょう。

2 対話型 AI には対話型 AI を

　子どもたちの提出物の作成に対話型 AI が使われていないかを見抜く方法があります。それは**対話型 AI を用いて課題（宿題）に対する回答を事前に作成しておくこと**です。子どもたちに課した課題文（宿題の問題文）を対話型 AI に入力します。同じ質問に対する対話型 AI の回答は毎回同じになるわ

けではありませんが，回答の傾向をつかむことができます。作成しておいた回答と子どもたちが提出した課題（宿題）を照らし合わせることで，ある程度対話型AIが使われていたかどうかを感じることができるでしょう。

3 急に文体が変わる

　私たちは常日頃から子どもの文章に目を通しています。そのため，子ども一人ひとりがどの程度の語彙力や文章力があるのかを何となく把握していると思います。**対話型AIの文章は，難解な単語や言い回しが使用されていたり，冗長になったりします。**これらの特徴を踏まえて，普段の文章と見比べると見分けやすくなります。

4 使用が疑わしい時にどのように指導をするのか

　これが最も難しい問題です。まず，断定はしないことが肝要です。判断する材料の1つとして，例えば教室において自力で書かせる文章と提出物との差があったとします。この状態が続けば，「文章を書くのが上手になったね。何か工夫しているの？」と声をかけることで，**「変化に気づいている」というサインを送ります。**家で兄弟に教えてもらっていたり，塾の先生の指導を受けていたりすることもあります。よい面はほめつつ，十分に時間を置いてから学級全体に対して対話型AIの文章を使用する危険性についての話をします。この方法であれば，疑わしい子どもの対話型AIの使用について言及せずに指導をすることができます。子どもへの声かけから十分に時間を置いて学級全体に話をするのは，**すぐに話をすると自分が疑われていると感じやすくなるから**です。もし本当に自力で取り組んでいた場合は，子どもの心を大きく傷つける恐れがあります。つまり，最初から対話型AIを使っていると決めつけてしまうことのないように配慮して，一般的な話として指導することが必要です。

Q 対話型AIを校務で活用する際の注意点はありますか?

文部科学省の「教育情報セキュリティポリシーに関するガイドライン」に示された個人情報や機密情報を入力しないことです。学校ホームページ上の公開資料も質問前にチェックが必要です。

1 要機密情報が入っていないか必ず確認する

対話型AIの校務利用では,質問内容について配慮が必要です。児童生徒及び学校教職員に関する情報,また学校内にとどめておくべき機密情報は使用してはいけません。児童生徒に関する情報は氏名以外にも,その児童生徒に関する情報は使用しないように細心の注意を払います。学校に関する情報においても,特定されるような情報は使用しないようにします。文部科学省の「教育情報セキュリティポリシーに関するガイドライン」では,取り扱いに注意を要する要機密情報が挙げられています[1)]。

要機密情報の例

指導要録原本　人事情報　入学者選抜問題　教育情報システム仕様書
学籍関係　成績関係　指導関係　進路関係　健康関係　名簿等
児童・生徒及び学校教職員に関する個人情報　ID　　　　　など

上記の情報は,「教育情報セキュリティポリシーに関するガイドライン」にて重要性分類のⅠ〜Ⅲに該当するものであり,「初等中等教育段階における生成AI利用に関する暫定的なガイドライン」では,これらの要機密情報

を入力してはならないとされています[2]。

　一方，要機密情報に該当しない情報は次の通りです。

要機密情報に該当しない情報の例

学校・学園要覧　学校紹介パンフレット　保護者への配布文章文例
各種届ひな形　校務分掌表　PTA資料　学校行事実施計画
学校だより　学級だより　学校行事のしおり　　など

　上記の情報は，「教育情報セキュリティポリシーに関するガイドライン」にて重要度分類がⅣとされているものです。学校が外部に向けて公開している情報が多く含まれます。これらは要機密情報には該当しません[1]。このため，対話型AIに入力することができる情報です。しかし，個人情報保護の観点を忘れてはいけません。例えば，学校だよりにも個人情報が入り込む恐れがあります。家庭に配布している文書や学校ホームページで公開しているものであっても，内容の確認は欠かせません。個人情報が含まれる場合は対話型AIへの使用を差し控えなければなりません。

　回答内容が勤務先の学校の実態に適しているとは限りません。したがって，必ず回答内容の最終確認を行って学校や子どもの実態に応じた内容となるように加筆・修正を行いましょう。

【参考・引用文献】
1）文部科学省：教育情報セキュリティポリシーに関するガイドライン．Available at：
　　https://www.mext.go.jp/content/20220304-mxt_shuukyo01-100003157_1.pdf
　　Accessed October 8, 2023
2）文部科学省：初等中等教育段階における生成AI利用に関する暫定的なガイドライン．

校務編

Q 校務の中で対話型 AI 活用に向いているものは何ですか？

A それはひな型（テンプレート）の作成です。ひな型を作成する際は，個人情報や機密情報を入力せずに済むため，活用に向いています。特に新しく作成する書類などは，まず対話型 AI を活用するといいでしょう。

1 対話型 AI で作成できるひな型（テンプレート）とは

対話型 AI は以下のようなひな型の作成に適しています。

> ・学級通信，学年通信，学校通信など各種手紙
> ・報告書原本，メール文，添え状，学校行事実施計画，学習指導案，学年会資料　など

　対話型 AI が力を発揮するのは，新しくひな型をつくる必要がある時，ひな型を大きく変更する時です。ひな型を一からつくるのは大変です。その場合，対話型 AI にたたき台としてひな型を作成させます。それをもとに自分でつくり変えていくことで，時間を削減することができます。

　それでは，学級通信を例として作成してみましょう。学級通信は作成する時間がなくてあきらめたり，出し始めても書くネタに困って断念したりすることがあります。「小学 6 年生の担任として 4 月に出す学級通信を作成してください」と対話型 AI に質問をしてみます。次のような回答が出力され，学級通信が一瞬で作成できます。

学級通信 小学6年生 さくら組 担任：[あなたの名前]

親御様へ

　新しい学年が始まりました。さくら組の担任として，今年1年間子どもたちとともに学び，成長していくことを楽しみにしております。新しいクラス，新しい環境でのスタートですが，一緒に素敵な1年を過ごしていきたいと思います。

1．学級の目標

　お互いの意見を尊重し，協力して授業を進めていく。

　一人ひとりが自分の意見や感情を正直に表現し，それを大切にする。

2．4月の予定

　4/5：体育祭の打ち合わせ　4/10：学級会

　4/20：図書館での読書タイム　4/25：地域清掃活動

3．連絡事項

　体育祭に向けての練習が始まります。適切な運動靴を持参してください。4/15までに給食費を学級委員へお渡しください。

4．お願い

　毎日の学習の様子や悩みなど，家庭での話し合いの時間をもっていただけると幸いです。今年度も家庭と学校の連携を深めながら，子どもたちの成長を全力でサポートしてまいります。ご不明点やご質問，ご相談などがございましたら，お気軽にご連絡ください。

どうぞよろしくお願いいたします。

　細かく確認すると表現として不十分であったり，しっくりこなかったりする部分もあるでしょう。このひな型をもとに書き直しをしていきます。このように，今欲しいひな型が作成されると，学級通信も書いてみようという気持ちになります。前ページの作成できるひな型例を中心に対話型AIを活用し，効率よく資料作成の業務を進めていきましょう。

Q | 学級経営に対話型 AI を活用できますか？

学級経営こそ，自由度が高く対話型 AI 活用の真髄が発揮できます。対話型 AI の提案例をもとに，アイデアを広げて実践することで，学級経営を多彩で楽しくスムーズに進めていくことができます。

1 学級経営は他の教員から学びにくい

　新任時代は，教育担当の先生に様々な指導を受けることができます。しかし，2 年目以降は自分で試行錯誤しながら学級経営をしていく部分が多くあります。学級経営は担任独自の方法になりがちです。一番大切なことは，子どもの個性や学年・学校の方針に応じて取り組むことです。学級経営は，担任の裁量で子どもを伸ばすことができる醍醐味があります。そのような自由度の高い業務にこそ対話型 AI は活躍します。それでは，対話型 AI を学級経営に活用する方法を紹介します。

2 対話型 AI を学級経営に活用する

①学級通信のネタ構想

　「〇月に出す〇年生の学級通信のネタを教えてください」と入力するだけでも，複数のネタが作成されます。「学級通信を作成してください」と入力すると下書きも作成できます。

②お楽しみ会・レクリエーション

　お楽しみ会やすきま時間のレクリエーションのネタに困った時は対話型AIに質問しましょう。回答をもとに子どもたちと一緒に内容を決定します。劇や漫才のネタのたたき台も対話型AIによって作成することができます。

③子どもへの自己紹介（挨拶）を考える

　4月の始業式の日，学級の子どもたちに担任として自己紹介をします。この自己紹介のたたき台も対話型AIにより作成することができます。例えば，「〇年生を対象に教師の自己紹介を考えてください。＃条件　・爽やかな印象を与える　・ユニークな内容にする」と対話型AIに質問をします。すると，対話型AIが自己紹介文のたたき台を作成します。「爽やかな印象を与える」のように，子どもに与えたいイメージを対話型AIに伝えることで，回答内容が変わります。このたたき台を参考にしてオリジナルの自己紹介を完成させることができます。保護者向けの挨拶や先生向けの赴任時の挨拶を考えることもできます。

④朝の会・帰りの会のメニュー

　一般的な朝の会・帰りの会のメニューの提示から，一風変わったメニューを考える際にも使用することができます。朝の会・帰りの会のメニューがマンネリ化してきた時に雰囲気をガラッと変える場合にも活用できます。

　他に対話型AIとやり取りをしながら自分のアイデアや考えを具体化することもできます。担任業務について対話をして考える機会はあまりないため，その点からも対話型AIは役立ちます。入力内容は，業務に関することに限定するように配慮しましょう。

Q | 授業準備に対話型 AI を活用できますか？

授業内の学習活動を考える際に活用することができます。対話型 AI の回答を自分の学級の実態に応じた内容に修正して活用しましょう。

1 教師用指導書と対話型 AI のハイブリッド教材研究

　教材研究をする際に，教科書の教師用指導書を参考にすると思います。保健の指導書を執筆した経験からいえることは，記載されている展開例は，どの学校でも使いやすいように一般的な内容にとどめるように配慮して作成しているということです。このため，学級の実態に合わせるにはアレンジが必要な場合があります。このような場合に対話型 AI を教師用指導書とハイブリッド活用して学習活動を考えましょう。以下に質問例を示します。

　小学 5 年生①の保健②の単元「けがの防止」③における授業「けがの手当」④について，「すり傷，鼻出血，やけど打撲などを適宜取り上げ，実習を通して，傷口を清潔にする，圧迫して出血を止める，患部を冷やすなど自ら簡単な手当ができるようにする。」⑤という目標を達成するための手立てを知りたいです。#条件　子どもの興味関心が高まる内容にする。

　下線部は「①学年／②教科／③単元名／④授業名／⑤学習目標」となっています。この部分を変更すると他教科でも活用することができます。ただし，

使用する対話型 AI の種類によって，回答の精度にばらつきがあります。例えば，インターネットと連携した対話型 AI[※]に回答を作成させれば，単元名や授業名に学習指導要領や教科書通りの言葉を当てはめることで回答の精度が上がります。前ページの質問例に対して，次の回答が返ってきました。

実体験の共有：授業の冒頭，子どもたちに自分たちが今までに経験したけがや事故について話してもらう。共有することで，実際にけがをした時を思い出し，手当の重要性を感じ取ることができます。

ロールプレイ：実際のけがのシチュエーションを再現するロールプレイを行い，どのように手当を行うかを実践させる。例えば，一人が「すり傷をした友達」役，もう一人が「手当をする友達」役として行動します。

教材の活用：けがの手当に関する絵本や動画などの視覚教材を用いることで，子どもたちの興味を引きつけやすくします。

エキスパートの招待：看護師や救急隊員など，実際にけがの手当てを行うプロフェッショナルをクラスに招き，デモンストレーションや質疑応答の時間を設ける。
（以下，省略）

　対話型 AI に授業の流れをすべて回答させることもできます。しかし，本来のねらいから大きくズレる場合が多いようです。そのため，基本的には教科書や教師用指導書で教材研究を行い，部分的に対話型 AI を活用することで授業準備を進めるといいでしょう。

※ Bing AI Chat と Google の Bard はインターネットと連携しています。ChatGPT は ChatGPT Plus という有料プランに切り替える必要があります。

Q 対話型 AI でアイデアを練る時のコツはありますか？

フレームワークを活用した目からウロコの対話型 AI
への質問方法があります。フレームワークを活用する
ことで，対話型 AI の回答を自分の目的に応じた内容
にすることができます。

1 フレームワーク（考え方の枠組み）を活用した質問

　フレームワークとは考え方（思考）の枠組みのことです。フレームワーク
を活用するとアイデアが広がりやすくなります。ここでは，スキャンパー
（SCAMPER）法という発想法を例にしてみましょう。

　スキャンパー法とはアメリカの研究家ボブ・エバールが考案したアイデア
を練る際に使用できるフレームワークです。「①置き換える，②組み合わせ
る，③適応させる，④修正する，⑤転用する，⑥取り除く，⑦逆転する・再
構成する」の7つの観点に基づいて，アイデアを考えるというフレームワー
クです。

　対話型 AI に対して，このフレームワークを用いるように条件づけをして
指示します。これにより，その観点に応じてアイデアを提案させることがで
きます。

　小学3年生の国語の単元「国語辞典を使おう」を例に挙げます。授業で国
語辞典の早引き競争を行うとします。この学習活動のアイデアを対話型 AI
によって広げましょう。「小学3年生の国語の授業で国語辞典の早引き競争
をします。スキャンパー法を用いてアイデアを広げてください」と質問しま
した。すると，次のように回答が返ってきました。

代替（Substitute）：
早引き競争の代わりに，辞典の中の言葉の意味や用法をクイズ形式で問うゲームに変更する。
組み合わせ（Combine）：
早引きとリレーを組み合わせ，チームで交代しながら言葉を探すリレー競争を行う。
削除（Eliminate）：
競争要素を取り除き，協力して言葉を探すグループ活動に変更する。
逆転（Reverse）：
子どもたち自身が辞典の編集者となり，自分たちの言葉やフレーズを集めてクラス用の辞典を作成する。

スキャンパー法は既存のアイデアを広げることに適しているため，プラスアルファの改善が欲しい時に使用することができます。活動内容と学習目標を照らし合わせた修正は忘れずに行いましょう。その他のフレームワークを下記に示します。対話型 AI からの回答に目からウロコが落ちるでしょう。

■シックスハット法

「情報，感情，リスク，メリット，創造的思考，プロセス」の６つの観点に基づいてアイデアを検討する思考法です。あまりアイデアが浮かんでいない状態で使用するのに適しています。

■ SWOT 分析

「強み・弱み・機会・脅威」の４観点で分析をする思考法です。ある程度形になってきたアイデアをブラッシュアップする際に使用するのに適しています。

■アンチプロブレム法

本来の課題とは真逆の課題を設定して検討する思考法です。考えが煮詰まった際に使用するのに適しています。

Q 対話型 AI を使って授業参観の準備はできますか？

A 対話型 AI を使って効率的な授業参観の準備ができます。単元を決めた上で対話型 AI に質問をすると，より具体的な提案がされます。

1 何となく対話型 AI に質問するだけで大きく前進する

　授業参観の準備は教員の頭を悩ませる仕事の１つです。授業参観の準備に対話型 AI を使うと，授業参観のイメージを具体的にすることができます。対話型 AI に「小学４年生の10月の授業参観のアイデアを考えてください」と質問すると，以下のような回答が返ってきました。

小グループ発表：最近学んだ内容やプロジェクトに関する発表を小グループで行う。

算数ゲーム：親を交えて算数のゲームやパズルを楽しむ。

実験：簡単な科学実験を親の前で行う。子どもたちが予想や結果を説明する。

秋のクラフト：落ち葉やどんぐりを使ったアート作品を作成し，展示する。

ミニ運動会：短時間でできるリレーや競技を行い，親が応援する。

　全く参観授業案が浮かばない場合は対話型 AI にとりあえず聞いてみることをおすすめします。

2 単元を決めた上で相談する

　より具体的に授業参観の内容を知りたい場合は，単元を決めた上で対話型AIに質問しましょう。「あなたはベテラン教員です。小学5年社会の『低い土地のくらし』の単元の授業参観のアイデアを複数教えてください。#学習目標…」と質問しました。学習目標には単元目標を入れます。対話型AIは次のように回答しました（一部抜粋）。

アイデア1：地図と地球儀で位置を確認

　地球儀と地図を使って，全体的な地形や，特に岐阜県海津市の位置を確認する。地形に関連する基本的な言葉（平地，山地，湖など）の確認。

アイデア2：資料を使ったリサーチ

　学生に事前に用意した資料（写真，グラフ，文献など）を元に，低い土地での生活がどのようなものかをグループで考察させる。グループごとに発表してもらう。

アイデア3：ディスカッション

　「低い土地で暮らすメリットとデメリットは何か？」という問題を提示して，クラスでディスカッション。

　実際に授業参観で使えそうな案を多数見つけることができます。いいと思った案に対して「詳しく教えてください」と追加で質問することで，より具体的な授業内容の回答が返ってきます。授業進行上の気になる点や頭に浮かんだもしもの場合など，質問を続けることで自信をもって参観授業の日を迎えることができます。

　ただし，対話型AIは単元名から推測して授業案を考えるため，実際の内容とズレが生じることがあります。その場合は追加情報を入力して，修正を行うことで思い描く学習内容に近づけることができます。インターネット連携ができる対話型AIを使うとより精度の高い回答が返ってきます。

Q 対話型 AI を使って学習指導案をつくることはできますか？

学習指導案全体の作成は難しいです。しかし，授業の
展開部分は作成することができます。

1 学習指導案全体の作成は難しい

　対話型 AI が作成した指導案は，本来の学習目標から外れた内容や大幅な
修正が必要な時があります。学習指導案全体の作成は難しいのが現状です。
指導案は「単元名／単元設定の理由（教材観／児童観／指導観）／単元の目
標…」など項目数が多く，複雑な構成になっています。しかし，部分的であ
れば対話型 AI を活用することができます。

2 対話型 AI に本時の展開を作成させる

　対話型 AI を一番活用しやすいのは本時の展開です。本時のねらいを決め
れば，対話型 AI に質問することで，展開例のたたき台をつくることができ
ます。「○○の授業の展開を作成してください。＃本時のねらい　・△△」
というように対話型 AI に質問をするとたたき台が作成されます。このたた
き台を参考にして展開例を考えることができます。

　また，単元設定の理由も作成が容易です。対話型 AI の回答を参考にしな
がら作成するこの方法は，一からつくり上げるよりも時間短縮になります。
「小学校学習指導要領解説の算数編を**参考にして**，小学 5 年生算数『変わり

方を調べよう（比例）』の単元の教材観の文章例を作成してください。＃条
件　・教材観の**意味について調べた上で**作成する」とインターネット連携し
た対話型 AI に質問しました。以下は対話型 AI が作成した文章です。

> 教材観：この単元では，「比例（ともなって変わる量）」に焦点を当て，
> 子どもたちに比例の基本的な概念を教えます。教材は，具体的な例や視
> 覚的な表現を通じて，比例の基本的な理解を促進するよう設計されてい
> ます。例えば，教材は，右下がりの直線や右上がりの直線を作成する２
> つの数の関係を視覚的に示すことで，比例の概念を説明します。教材は
> また，実世界の例を提供し，子どもたちが比例の関係を理解し，それを
> 日常生活にどのように適用できるかを理解するのに役立ちます。

「参考にして」と条件づけすることで，参考資料の指定ができます。対話
型 AI が「教材観」という定義を理解していなかったため，「調べた上で」と
言葉の意味も検索させています。このように，指導案すべてを作成すること
はできないものの，部分的に活用することができます。考えを練る際にも対
話型 AI を活用することができます。

　また，研究授業などで授業展開を考える際に煮詰まる時があります。この
時，対話型 AI を活用することで，新たな視点を得ることができるかもしれ
ません。

　ただし，単元の指導計画や評価規準など学習指導要領や教師用指導書を参
考に作成する方が効率のよい部分もあります。この場合は，対話型 AI を使
用する必要はありません。書く内容の自由度が高いものほど，対話型 AI の
使用に適しているといえます。

Q 授業改善に対話型 AI を活用できますか？

授業改善に対話型 AI を活用することができます。う
まくいかなかった展開について改善点を対話型 AI に
求めましょう。

1 授業の課題点について質問する

　授業をする中で，「学習内容を理解させることができなかった」「考えが深
まらなかった」というような授業の課題点が見つかる時があります。このよ
うな場合，対話型 AI に質問することが有効な手立てとなります。以下の質
問例のように，簡単な状況を添えて対話型 AI に質問してみましょう。

授業の改善案を教えてください。
#場面
　小学 5 年生の算数「分数のたし算とひき算」で，約分の意味と方法が
定着しなかった。

　上記の質問例のように，課題のあった場面を入力しましょう。うまくいか
なかった点を箇条書きにして聞いたとしても，対話型 AI は丁寧に聞き取り
（これまでの質問と回答を前提に）回答します。ただし，個人情報などを入
力しないように気をつけます。この質問では，対話型 AI は次のような回答
をしました（一部抜粋）。

〈具体的な材料を使用する〉

　実際の物を使って分数を表現し，約分の意味を視覚的に示すことができます。例えば，ピザやケーキのモデルを使って，同じ全体を異なる分数で表現する方法を示し，約分のプロセスを教えることができます。

〈視覚的な教材を活用する〉

　分数バー，数直線，またはピクトグラムを使用して，約分の意味と方法を視覚的に示すことができます。

〈ステップバイステップの指示を提供する〉

　約分のプロセスを明確かつ簡潔に説明し，児童が各ステップを理解し実行できるように指示を提供します。

〈練習とフィードバック〉

　児童に多くの練習機会を提供し，約分の練習を通じてフィードバックを提供します。このフィードバックは，児童が何を正しく，何を間違っているのかを理解し，約分の方法を改善するのに役立ちます。

　対話型 AI の回答では，複数の改善案が示されました。この回答を参考にして，次の授業内容を考えることができます。また，対話型 AI に「あなたは教育のプロです」と役割を与えることで回答の内容の精度を上げることができます。

　職場の先生に相談することは有効です。しかし，聞くタイミングがつかめず，何度も尋ねるのも申し訳ないという気持ちになり，難しいことがあります。対話型 AI のよさは，いつでも気兼ねなく質問できることです。よい回答を得るには，何より質問者（教員）の対話型 AI に対する**問いの立て方（問題設定）**の力が試されます。また，対話型 AI の種類によって全く別の有益な回答を得ることができます。あなたが授業で何か困ったことがあれば，対話型 AI に聞いてみましょう。対話型 AI はあなたに新たな視点を与えてくれることでしょう。

校務編

Q 対話型 AI が提案するアイデアを活かせる校務はありますか？

対話型 AI のアイデアを活かして，新しい行事や企画の発案や，効率化や改善を図ることができます。

1 対話型 AI にアイデアを考えさせる

　授業や行事計画を立てる時に考えが煮詰まることがあります。いいアイデアが浮かばない時は対話型 AI を活用しましょう。私たちは学校教育という枠組みの中で物事を考えます。それゆえに，学校の実態や実現性について考えるあまり，斬新なアイデアを思いつかないことがあります。対話型 AI は，そのような背景を気にしません。そのため，対話型 AI を活用すると視界が開けたような感覚になることがあります。そこで，対話型 AI に新しい提案をさせてみましょう。「熱中症の危険があり，学校の休み時間に児童を外で遊ばせることができません。代替案はありますか？」と質問しました。以下が回答例（一部抜粋）です。

〈クリエイティブなアクティビティ〉工作，絵を描く，音楽やダンスなど，室内でできるアクティビティを提供する。
〈映像教材の活用〉休憩時間に教育的な映像や映画を見せる。
〈リラクセーションタイム〉短い瞑想や呼吸法，ストレッチなどのリラックスする時間を設ける。
〈水遊び〉条件が許すなら，水遊びや水鉄砲などで涼む時間を設ける。

この回答例ではすぐに思いつくようなものは省いています。ストレッチ教室や水遊びは発想としては面白いです。この提案と委員会活動と連携させると活動の幅が広がるという考えが思い浮かびました。このように対話型 AI に提案させることで，自分では思いつかないアイデアを得ることができます。それを自分の経験と組み合わせて，オリジナルの企画を考えるきっかけをつかむことができるのです。

2 対話型 AI の提案力を活用できる場面とは？

対話型 AI はどのような課題に対しても質にバラつきはあるものの回答します。考えが煮詰まり，思考停止してしまった時にはうってつけです。以下に対話型 AI に提案を求めるのに適した場面を示します。

対話型 AI に提案を求めるのに適した場面
・研修テーマに応じた授業展開　・学年や学級でのイベントや催し
・新学習指導要領に応じた学習活動　・学校行事のスリム化，効率化
・新しく始める学校行事　・学校行事の改善
・制限のかかる状況下での活動（校舎改築，新感染症の蔓延など）

新しい行事や企画の発案や，効率化や改善を図る場面でアイデアを求めてみましょう。また，制限のかかる状況下での活動についても活用することができます。学校は新型コロナウイルスの影響を受け，学習活動の実施について多く検討がなされたと思います。あの時に対話型 AI があれば，より充実した教育活動を実施できたかもしれません。これからは前例のない事態に対しても，対話型 AI は強い味方となるでしょう。最終的に，私たち教員が現実的か検討することが大切です。

Q 所見の作成に対話型 AI を使ってもいいですか？

一般的な言葉の言い換えとして使うことはできます。
個人情報を入力しないという自分自身の確証がなけれ
ば使用してはいけません。

1 個人情報の入力は厳禁

　所見の作成は，時間がかかる業務の１つです。対話型 AI に頼りきった所見の作成は，個人情報の入力につながるため厳禁です。名前やその他の情報を伏せたとしても，その子特有の情報が含まれる恐れがあるからです。所見は教員の目で観察したことに基づいて記述することが望ましい資料です。

2 対話型 AI を使って一般的な言葉のいいかえ

　それでは，対話型 AI を全く使うことができないのでしょうか。私はそうではないと思います。個人が特定されるような情報を入力せずに一般的な言葉のいいかえを対話型 AI に質問します。これにより，個人情報の含まれない誰にでも当てはまるような所見文例を作成させ，参考にすることはできます。市販の所見文例の本を参考にすることと同じイメージです。ポイントは一般的で大まかな質問をすることです。例えば，「やさしい性格の子の所見を作成してください」と対話型 AI への質問を入力してみます。この場合，次のように所見文例が作成されました。

○○は日常的に細やかな気配りと温かい言葉を持って他の生徒たちと接しています。授業中や休憩時間には，困っている同級生の手を引いたり，何か質問や不安を持つ生徒に優しくアドバイスをしてあげています。その姿勢はクラスの雰囲気を明るくし，彼の優しさが多くの生徒にとっての心の支えになっていることを感じます。

（以下，省略）

「やさしい」という情報のみでこれだけの文章を生成することができます。「やさしい」だけでは，個人固有の情報とはいえません。これ以上の情報を足すと個人情報ともなりかねないため「やさしい」といった一般的な言葉のいいかえまでが限界です。細心の注意を払えば言葉を変えて対話型 AI の回答例は役立ちます。個人情報に触れるかどうか神経を使いますが，活用法として悪くはないでしょう。また，次のように所見を書くための観点を対話型 AI に聞くことも 1 つの方法です。

対話型 AI に「所見を書くための観点を示してください」と質問
→「学習態度，社会性，感情管理」などの 8 の観点が示された
追加質問例
・「社会性について詳しく教えてください」
・「学校生活で社会性が発揮される具体的な場面を教えてください」

このように，対話型 AI の回答から所見を書くヒントを見つけることができます。基本的に所見作成のもとになる情報は日頃からの観察や評価です。忙しい日々に追われると所見作成に対話型 AI を使いそうになります。しかし，このような時こそ，個人情報を入力しないことを決して忘れてはなりません。

校務編

Q 対話型 AI は ICT に関するサポートができるのでしょうか？

教室の ICT トラブルの助けになります。Word, Excel, PowerPoint などのアプリケーションの使用上のトラブルや困りごとを解決することができます。

1 タブレットを使用する授業でのトラブルを解決する

授業内でタブレットを使用している時に ICT トラブルで困ることがあります。Wi-Fi の回線がつながらないトラブルで授業が中断することがあります。この場合も対話型 AI を活用しましょう

> 例）質問「タブレットが Wi-Fi の回線に接続できません」
> →回答「ルーターの位置，タブレットの再起動，ネットワーク設定のリセット，最新アップデート」

対話型 AI があれば，ICT が堪能な先生を探し回ることをしなくても対話型 AI の回答を参考にして自分で解決できることが増えていきます。

2 Word や Excel での困りごとは対話型 AI に積極的に相談できる

教材や資料を作成している時に，Word や Excel の機能がわからずインターネット検索をしたことはありませんか？ このような場合も，対話型 AI を活用することで困りごとを解決することができます。例えば，Word の文

章の行間を狭くしたいとします。「Wordで行間を狭くしたい」と入力すると，対話型AIから次のように回答が返ってきました。

1．Wordドキュメントを開きます。
2．行間を変更したいテキストを選択します。
3．リボンの「ホーム」タブをクリックします。
4．パラグラフグループ内にある「行間」アイコン（小さな四角と矢印のアイコン）をクリックします。
5．ドロップダウンメニューから適切な行間のオプションを選択します。例えば，1.0や0.5など。
6．必要に応じて「行間のオプション」をクリックして，さらに詳細な設定を行うこともできます。

　私も困った時はよくインターネット検索をしますが，ソフトのバージョンが違うことや望むような情報が見つからないことがあります。対話型AIはある程度大まかな質問でも整合した回答が可能です。
　Excel関数などもお手のものです。例えば，成績の3段階評価をつける時の関数です。子どもたちのテストの平均値がシートに入力されているとします。以下のような質問で対話型AIにExcel関数を作成させます。

質問「Excelの列の値が，○以上ならA，○〜△はB，△未満はCに変換する関数を教えてください」（実際は○△に数値を入れる）

→回答「=IF(A1>= ○ , "A", IF(A1>= △ , "B", "C"))」という関数を作成

　このように，自分の望むような関数を作成させることができます。Excelに苦手意識があった方にとって対話型AIはよき相談相手になります。

研究発表や研修発表を考える時に対話型 AI を活用できますか？

発表内容の構成から配布資料の作成まで簡単に行うことができます。ただし，個人情報や機密情報を入力しないように伏せて作成しましょう。

1 研究資料づくりは安全で簡単に作成できる

研修資料の大枠（アウトライン）の作成は安全な活用方法の 1 つです。例えば，「『ゲーム依存症の具体的な事例と対策』をテーマに研修をします。発表資料のアウトラインを教えてください」と対話型 AI に質問すると，次のように，発表資料の項目が回答されます。

1．イントロダクション　2．ゲーム依存症の定義
3．ゲーム依存症の原因　4．具体的な事例紹介
5．ゲーム依存症の影響
6．対策と予防　7．まとめ　8．Ｑ＆Ａセッション

さらに，「配布資料に載せることは？」「スライドに載せることは？」など追加質問をすれば，回答を参考にして資料の準備ができます。「教育情報セキュリティポリシーに関するガイドライン」では，研修資料は要機密情報に該当していませんが[1]，要機密情報が含まれないように回答内容の確認を必ず行いましょう。

2 研修スライドや配布資料を作成する

　一部の個人情報や機密情報を伏せることにより発表内容を入力して対話型AIに発表資料のたたき台を作成させることができます。対話型AIを使った，研修スライドと配布資料の作成例を紹介します。まず，「『これからの生徒指導』をテーマに研修をします。**研修内容を入力します。読み込んだら『次』と回答してください**」と対話型AIに入力します。続けて研修内容を入力します。入力が終了したらスライドに記載する内容を回答させます（以下，太字部分が該当）。

> 私：これからの生徒指導をテーマに…中略…
> AI：次
> 私：以上で終了です。この内容をもとにして**発表スライドを作成してください。**
> AI：スライド1：タイトル
> タイトル：これからの生徒指導 作成者：［あなたの名前］
> スライド2：生徒指導提要の概要
> 小学校から高等学校までの生徒指導の理論と実践方法
> 時代の変化に対応するための教職員間・学校間の共通理解促進

　このように要点をまとめた発表スライドの内容が作成されます。この質問方法では，少し長い文章でも対話型AIに読み込ませることができます。「受講者に配布する資料を作成してください」と入力すると配布資料も作成できます。これで報告会や研修の準備の時間を短縮することができます。

【参考文献】
1）文部科学省：教育情報セキュリティポリシーに関するガイドライン.
　　Available at : https://www.mext.go.jp/content/20220304-mxt_shuukyo01-100003157_1.pdf
　　Accessed September 11, 2023

保護者対応に対話型 AI を活用できますか？

一般的な返答を考える際には活用できます。しかし，具体的に書かないなど，個人情報の入力をしないように細心の注意を払いましょう。

1 連絡帳のやり取りは時間がかかる

連絡帳のやり取りに時間がかかったことはありませんか。すきま時間で保護者への返事を書くことは一苦労です。このような場合は，対話型 AI を活用して返事の下書きをつくりましょう。「休み時間に子どもが怪我をしたことを連絡帳で伝える時の文章例を教えてください」と入力すると，次のように回答が返ってきました。

○○さんの保護者様へ，

　今日の休み時間中，○○さんが遊び中に転倒し，膝を打ってしまいました。直後，保健室での処置を行い，擦り傷がありましたが，特に大きな傷や打撲は見られませんでした。現在は痛がる様子も少なく，授業にも普通に参加しております。ただし，帰宅後に腫れや痛みが出る場合も考えられますので，注意して様子を見ていただけると安心です。何か異変を感じた際には，医療機関での診察をおすすめします。今後，学校側としても，子どもたちの安全に更に注意を払って参ります。この度の出来事について，ご心配をおかけし，申し訳ございません。何か質問や不安がございましたら，いつでもご連絡ください。

対話型 AI に詳しく入力しなくても細やかな回答が返ってきます。怪我の事実関係は，対話型 AI の回答を参考にして連絡帳に書きましょう。しかし，回答は完璧な内容ではありません。例えば，この事例では下線部のように書くと少し仰々しいように感じます。そのため「謝るのではなく，表現を変えて締めくくりの文章を考えてください」と入力しました。すると次のような回答が返ってきました。

> 　今後も子どもたちの安全を第一に考え，より安全な環境作りに努めて参ります。<u>もし何か気になることや質問がございましたら，お気軽にお知らせください。</u>皆様と連携し，子どもたちの安全な学校生活を支えていくためのご意見やご提案も大歓迎です。

　対話型 AI の作成する回答は丁寧ですが，大げさな表現になる傾向があります。上記の修正文でも下線部のみを使用するだけで，締めくくりの文としては十分です。修正して，1 分程度で文章が出来上がりました。その他の使用例も以下に示します。

> 使用できる場面
> ・首から下の軽いケガをした時　・一時体調不良になり寛解した時
> ・持ち物や服を汚した時　　　　・持ち物をなくした時
> ・欠席連絡

　欠席連絡はよく使用するため，あらかじめ作成させた文章をひな型として残すと使い回しがききます。これらの文章を作成する際には，個人情報や機密情報を入力しないように気をつけましょう。対話型 AI に入力することは，あくまで一般的な内容にとどめておくことを忘れないでください。

Q 対話型 AI は，学校行事案の内容を洗練することに役立ちますか？

対話型 AI を使用して課題点や反対意見を出すことで，学校行事案は洗練されます。これらを参考にして計画を修正したり，あらかじめ対策を立てたりすることもでき，円滑な校務推進につながります。

1 対話型 AI に課題点を提示させる

　学校行事を実施する時，計画を自分だけで考えることには限界があります。打ち合わせをしようと考えても，忙しい日々の中で頭が働かない時があります。そのような時は，対話型 AI の回答を参考にしてみましょう。例えば，学年の中から体育大会のリレーに出場する選手を選抜するとします。このような選考などは学級内でもめがちです。そこで次のように質問します。

　「リレーの選手を学年で男女６人ずつ選びます。選考はタイム計測で行います。２人ずつ走ります。**注意点を教えてください**」対話型 AI は次のように回答しました。

> ペアリングの問題：２人ずつ走る場合，ペアの選手との相性や，ライバル意識によってパフォーマンスが変わる可能性がある。
> 怪我や体調の問題：選考当日に体調不良や怪我をしていたが，後日回復してより良いパフォーマンスが出せると主張する生徒が出る可能性。
> 透明性の問題：選考基準や計測方法，結果の公開が十分でないと，透明性が欠けているとの苦情が出る可能性がある。（以下，省略）

複数の案が提案されました。例えば，「〇〇について具体的に教えてください」「〇〇についての対策を教えてください」と対話を続けることで詳しい内容を知ることができます。

2 対話型 AI に反対意見をいわせる

　次は行事などの実施計画について対話型 AI に反対意見を考えさせる方法です。職員会議への提案や保護者に向けた説明などを実施することがあります。事前に対話型 AI から意見を出させることでより綿密な計画となり，会議や学年打ち合わせの時に意見も通りやすくなるでしょう。例えば，「来年度から小学４年生の２分の１成人式を廃止します。**反対意見を述べてください**」このように質問すると次のような回答が返ってきます。

　この式典は，子どもたちに自らを振り返り，今後の成長や目標について考える良い機会となっています。自らの成長を認識し，社会の一員としての役割や責任を学ぶことは，子どもたちの人間形成にとって大切です。(…中略…)

　２分の１成人式は，地域や学校コミュニティと子どもたちとの絆を強化する機会でもあります。親や教育関係者，地域の人々と共に過ごすこの特別な時を通じて，コミュニティの絆や連帯感を深めることができます。

　あるいは，２分の１成人式そのものを廃止するのではなく，内容や方法を見直し，より子どもたちやコミュニティにとって有意義なものにする提案をすることも考えられます。

　このように具体的な意見が得られます。これらを踏まえて回答を想定しておくと，会議や保護者対応で意見がうまく伝えられないことが減ります。また，対話型 AI の回答にもあるように別の判断を検討することもできます。

Q 対話型 AI を授業で活用する際の注意点はありますか？

まずは年齢制限について把握しておきましょう。事前の管理職への相談や保護者同意が必要になります。実施する場合は自治体の方針に従いましょう。

1 授業活用前の注意点

　授業活用前の注意点は利用規約を把握すること，許諾を得ること，子どもに対して事前学習をすることです。対話型 AI の年齢制限は次の通りです。

対話型 AI の年齢制限

小学校：Bing AI Chat のみ

中学校，高等学校：Bing AI Chat，ChatGPT

※保護者の同意を得ることが必要

　事前に**必ず管理職に相談をしましょう。勤務先の自治体がどのような方針で行っているのか確認**をする必要があります。

　対話型 AI の使用上の注意点について，子どもたちに事前学習が必要です。また，対話型 AI は外部ツールです。教育委員会の許可のもと，セキュリティに関する一定の信頼性が担保されて使用しているソフト等とは別物と考えてください。情報漏洩のリスクもあるため，細心の注意を払って授業で活用することが求められます。

2 段階的に使用させていく

　パイロット校での対話型 AI の授業活用が進められ，将来的に対話型 AI の授業活用が認められた際の活用法とリスクについて紹介します。以下の①〜③のように段階的に使用させていく方法がよいと私は考えます。

①子どもの前で教師が使用する（演示）

　教師が対話型 AI を使用して，対話型 AI がどのような回答をするのかを見せます。質問も教師が事前に管理職に相談し，自治体方針に基づき考えて入力します。このため，個人情報や機密情報が漏れることは考えにくいでしょう。回答に対して子どもたちが意見交流できます。対話型 AI によって教師，子ども以外の視点が増えるよさがあります。

②子どもの考えた質問を教師が代表で入力する

　子どもの考えた質問を教師が代わりに入力します。教師が入力前に確認することで，適さない情報があれば変更できます。どのように質問すればいいか考えるきっかけになり，子どもたちも①よりは対話しているという感覚をもつことができます。

③グループまたは個人で使用させる

　対話型 AI を使用する人数が増えるほど何を入力しているか教師側で把握できなくなります。まずはグループでの使用や質問項目を教師が事前にチェックする，入力についても事前に話し合い，入力制限をかけながら進めるのが安全です。

　上述した制限や複数の教員が配置できる時間に実施するなど慎重に進める工夫が必要です。**思いつきで授業活用することのないように慎重に検討をしましょう。**

Q 対話型 AI の使用について保護者からの同意を得たいです。

保護者の同意を得る方法には，同意書，説明文書を配布するといった手続きや説明会を開催するなどの方法があります。

1 同意書の書き方

　同意書には，対話型 AI の授業活用について同意するかどうかを記入して保護者に提出してもらいます。全員分の同意書を確実に回収しなければなりません。ただし，提出されていない家庭には連絡をするなどやや手間がかかります。Google フォーム等のウェブアンケートを活用すると配布の手間が省けます。同意書に記載する内容を以下に示します。

> 記載内容の例
> ・使用目的
> ・使用方法，活動内容
> ・使用することによるメリットと危険性について
> ・任意による参加について
> ・リスク対策
> ・問い合わせ先

　対話型 AI を使用する目的と使用場面を明らかにします。そして，使用により得られる教育上のメリットや起こり得る危険性についても明記します。

また，使用するかどうかは自由に決めることができる旨を記載して，リスク対策についても説明します。

　質問などを受ける窓口は一本化しておくと対応がしやすいです。以下に同意書の例を示します。使用目的などの内容は簡略化しているため，実際に作成する場合は教育委員会の方針に従いましょう。

令和×年×月×日

▲▲中学校　保護者の皆様

▲▲中学校
学校長　○○　○

対話型AIの授業活用についての同意書

　日頃より学校教育活動へのご協力誠にありがとうございます。
　昨今、対話型AIの登場により AIが私たちの生活に身近な存在になりつつあります。そこで、本校では教育委員会と相談のもと、対話型AIを授業内で活用したいと考えております。つきましては、誠に恐縮ではございますが、本校の方針についてご理解いただき、ご協力のほどよろしくお願い申し上げます。
　なお、同意についてはお子様及び保護者様のご意志で決定していただくもので、お断りいただいても、不利益になることはございません。是非、お子様のご意志も確認していただければと思います。お子様と相談の上、辞退される場合は、学級担任までご連絡をいただきますよう、よろしくお願い申し上げます。

使用目的

　今後の社会生活において求められる対話型AIを活用する力を育む

使用方法

・英語科において、英会話の練習相手として対話型AIを使用する。
・国語科において、生徒が作成した文章に対して対話型AIを使用して修正を重ねる。

使用することによるメリットと危険性、リスク対策について

・メリットとして、対話型AIの活用方法を学ぶこと、英語力や文章力の向上が挙げられます。
・デメリットとして、個人情報などを誤って入力することによる情報漏洩のリスク、対話型AIの目的外使用が挙げられます。上記のリスク対策として、本校では事前学習により対話型AIの特徴とリスク、適切な使用方法について生徒に学ばせた上で使用を開始します。

問い合わせ先

▲▲中学校　学校長　○○　○
住所：
電話番号：

同意書

このたび、対話型AIの授業活用に当たり、上記の内容に同意します。

同意年月日：　　　年　　　月　　　日
生徒氏名（　　　　　　　　　　　）保護者氏名（　　　　　　　　　　　　）

Q 日本語を母語としない子への指導に対話型 AI は使えますか？

対話型 AI を活用することができます。対話型 AI は多くの言語に対応しているため，日本語を母語としない子どもへの指導に適しています。

1 日本語を母語としない子どもへの日常の指導にすぐ役立つ

　日本語を母語としない子どもを指導する時は，スマートフォンのアプリの翻訳機能を使うことが増えてきました。しかし，曖昧な表現やニュアンスがどうしても伝わらないことがあります。

　このような場合，対話型 AI を使うと便利です。対話型 AI は曖昧な表現やニュアンスを入力しても大意を汲んで翻訳することができます。さらに，対話型 AI とのやり取りを通じて，言い回しのヒントを得ることもできます。

　例えば，対話型 AI に「次の時間は運動場で体育があるので，更衣室で体操服に着替えてください。この文章を英語にしてください」と入力すると，「Please change into your gym clothes in the locker room, as we have physical education in the playground next period」と回答が得られます。また，対話型 AI に「より簡単な表現にしてください」と追加質問すると，「Next class is PE in the playground, so please change into your gym clothes」と回答が得られ，難易度の調整も可能です。

　さらに，対話型 AI は多言語対応しています。英語や中国語，スペイン語など複数の言語で同様の活用をすることができます。子ども側からの意思疎通においても対話型 AI を通訳的に使用することも可能です。

2 学習内容の伝え方

　続いては，授業内の対話型 AI の活用方法です。学習内容を理解するためには多くの語彙が必要です。もし日本語が理解できない子がいた場合，その子が使う言語の言い回しや伝えたい言葉が見つからず，細やかな個別支援を行うことが難しいという現状があります。その際に対話型 AI を補足説明に活用することができます。

　例えば「雲の動きとアメダスの降水量の関係から東京の現在の天気と明日の天気を予想する」という課題に取り組ませるとします。この課題文を対話型 AI に入力して「〇語に訳してください」と付け加えるだけで，すぐに翻訳された課題文をつくることができます。その上で，その子が気象衛星ひまわりやアメダスの仕組みを知らない場合は，それらの説明を対話型 AI に作成させて翻訳することで，補足説明がすぐにできます。

　さらに，説明内容が難しい場合は，対話型 AI への質問に「小学校低学年にもわかるように」「〇〇（国名）の子どもにわかるように説明して」などと付け加えることで，より伝わりやすい説明に変えることができます。このように対話型 AI を活用することで，その子に寄り添った指導が可能となります。

　これらの方法は授業内での対話型 AI の活用に該当するため，必ず管理職，教育委員会に相談のもと，保護者にも同意を得るようにしましょう。このように，対話型 AI を活用することで日本語を母語としない子どもの学習支援につなげることができます。

Q 生き物の観察に AI を使うことはできますか？

AI を使って知らない生き物を撮影して，あたりをつけることができます。さらに，図鑑を使って子どもに推定させることで，子どもの探究的な学びへの指導につなげることができます。

1 観察に AI を活用

　子どもに校庭で見たこともない植物や昆虫の名前を尋ねられたことはありませんか。このような時，AI を活用して動植物の名前にあたりをつけることができます。例えば，**Google レンズというアプリを使えば，撮影した写真からインターネット検索で推測ができます**。同様に，対話型 AI に撮影した画像を読み込ませて，推測することができます。理科は専門性が高く，分野外の人からするとわからないことが多いものです。この AI による方法では，あたりをつけて，図鑑などで推定することもできます。また，子どもの撮影した画像をタブレットに表示させ，その画像を AI 検索できる大人の対応端末で撮影して検索することも可能です。教科書の写真なども AI 検索で推測可能です。対話型 AI では，画像を取り込んだ上で質問をすることができます。

2 教材研究にも役立つ

　教材研究として，事前に校庭の生き物を撮影し，AI に推測させておくことも大変便利です。毒を持つ生き物や触るとかぶれる植物に注意するなどの，

観察前の指導留意点も教科書で指導するより具体的でわかりやすくなります。例えば，中庭にセアカゴケグモ（毒を持つクモ）がいたので「近寄ら（せ）ない」ため校庭でのセアカゴケグモの写真とAIの情報を用いた事前指導を加えることも1つです。これにより，子どもは現実味をもって観察活動の注意点を守ることができます。野外活動は，安心・安全が第一です。AIの活用は，新次元の教材研究につながる可能性を秘めています。

3 情報リテラシー向上のために

AI画像で推測した生き物の名前は，本当に正しいのでしょうか。AIは，似た特徴をもつ数多くの写真から生き物の名前を推測します。これを単に書き写させるのではなく工夫を加えて，情報活用能力の向上につなげましょう。子どもたちには，野草図鑑や昆虫図鑑を使わせます。**AIであたりをつけた名前をもとに，図鑑で実際に特徴が一致しているかを確認していきます**。間違いがあった場合は，**AIのアルゴリズムが必ずしも正しくないことを子どもたちは実感を伴って学ぶことができます**。AIが推測した生き物を図鑑と見比べて，どう推定したかをノートに記録させます。これにより，根拠をもった推定につなげていくことができます。

ところで，図鑑でも特定できない生き物の場合はどうしたらいいでしょうか。この場合は，疑問点をノートにまとめて，地域の博物館や植物館の学芸員さんに問い合わせたり出前授業を依頼したりしましょう。その他に，夏休みなどに博物館の学芸員に聞きに行く活動を自由研究として行うのもいいでしょう。学芸員の活用のポイントは，生き物の名前が正しいか間違っているかを問うことに主眼を置かないことです。名前の正解か不正解かにこだわる子どもは「虫博士」にとどまります。「どうしてそのように考えたのか」という点を伝えられることの方がはるかに大切です。根拠をもとに人に伝えられる能力を高めることで，「虫」にとどまらず未知の事柄に対して，根拠をもとに考える柔軟な頭をもつ子どもに育つのです。

Q 対話型 AI の将来的な活用に向けて，どのような能力が必要でしょうか？

A 特に情報モラルや情報セキュリティの情報活用能力が必要となります。ICT を使用する中で，問題解決や探究のための情報活用能力を身に付けさせます。

1 学校で情報活用能力を高める学習を行う

　情報活用能力とは世の中の様々な事象を情報とその結び付きとして捉え，情報及び情報技術を適切かつ効果的に活用して，問題を発見・解決したり自分の考えを形成したりしていくために必要な資質・能力です[1]。情報活用能力は小学校学習指導要領の総則において，学習の基盤となる資質・能力とされており，すべての児童生徒が身に付ける必要がある資質・能力であるとされています。情報活用能力は次のような項目で構成されています。

知識及び技能	思考力，判断力，表現力	学びに向かう力，人間性等
1．情報と情報技術を適切に活用するための知識と技能 2．問題解決・探究における情報活用の方法の理解 3．情報モラル・情報セキュリティなどについての理解	1．問題解決・探究における情報を活用する力（プログラミング的思考・情報モラル・情報セキュリティを含む）	1．問題解決・探究における情報活用の態度 2．情報モラル・情報セキュリティなどについての態度

必ず身に付けさせたいのは情報モラル・情報セキュリティに関する力です。
例えば，ID やパスワードの取り扱い，自分や他者の個人情報，情報の真偽，ネットワーク上のルールやマナー，情報発信にかかわるリスクに関する学習が挙げられます。今後，対話型 AI の家庭利用が進むでしょう。それゆえに，情報モラル・情報セキュリティ教育を早急に実施する必要があります。

　一方，ICT を活用することを通して身に付けさせる力があります。それは表にもある，**問題解決・探究における情報を活用する力**です。調べ学習において収集した情報に対して適切に読み取る学習や，複数の情報に対して整理・分析して解決策を見つける学習などが挙げられます。情報から新たな視点や意味を見出す学習などは ICT を活用していく中で体験させたいものです。

　このようにして**情報活用の基盤を築いておく**ことで，対話型 AI を活用する際にも，情報モラルやセキュリティに配慮しながら正しい使用が可能になると考えます。今や小中学生でも情報を発信しようと思えばいくらでもできる状況です。SNS やゲーム上においても子どもたちは日々，情報を発信しています。子どもたちは対話型 AI を通してより多くの情報に触れることになります。このため，子どもたちに情報活用能力を身に付けさせることがより求められることになるのです。

【引用・参考文献】
1）文部科学省：情報活用能力育成のためのアイデア集．Available at：
　　https://www.mext.go.jp/content/20230711-mxt_jogai01-000026776-002.pdf
　　Accessed October 7, 2023
2）文部科学省：情報活用能力を育成するためのカリキュラム・マネジメントの在り方と授業
　　デザイン ―令和元年度 情報教育推進校（IE-School）の取組より．Available at：
　　https://www.mext.go.jp/content/20201014-mxt_jogai01-100003163_002.pdf
　　Accessed October 7, 2023

Q｜どのようにして情報活用能力を育むのでしょうか？

４つの観点を意識して情報活用能力を育みます。日常的にタブレット端末を活用することが推進されています。

1 情報活用能力を育む４つの学習

以下に，４つの観点と具体例を示します。

１．基本的な操作等
・タブレット端末を積極活用することで基本的な操作を身に付ける
例）デジタルノートを活用する
　　　調べ学習でタブレット端末を使う
　　　国語「書くこと」の学習で，文書作成ソフト（Word 等）を使用
　　　教師がクラウド上の掲示板に連絡事項をアップロード
　　　→タブレットの基本操作，情報の検索や閲覧の仕方を学ぶ

２．問題解決・探究における情報活用
・設定された課題を解決するための情報活用を行う
例）環境教育においてタブレット端末で調べ学習をした上で発表内容を
　　　まとめるためにプレゼンテーションソフトを使用
・複数の情報を整理しながら読み取る
例）理科「雲と天気の変化」で気象衛星画像，降水量，天気情報を収集
　　　し，タブレット上でその情報を整理して考察をする

3．プログラミング教育

例）算数で「正多角形の作図」の学習をプログラミングソフトで行う

4．情報モラル・情報セキュリティ

・タブレット使用時に適切な使用例を提示

・子どもが見つけたタブレットのよい使い方を共有

・情報発信のルールやマナーを学ぶ

例）学校ホームページに「子どもページ」をつくり，子どもたちが委員
　　会活動や学習した内容を発信する学習

（記事は子どもが作成して，教員が記事の内容を最終確認する）

　情報活用能力の育成は，すべての学校が実施の対象となっています。学習目標と照らし合わせて，タブレット端末の使用が適切な場合は積極的にタブレット端末を活用していきましょう。タブレット端末を活用することを通して，子どもたちの情報活用能力を育成します。これにより，将来の対話型AIの教育利用に備えていくことができます。

【参考文献】
1）文部科学省：情報活用能力を育成するためのカリキュラム・マネジメントの在り方と授業
　デザイン ―令和元年度 情報教育推進校（IE-School）の取組より. Available at：
　https://www.mext.go.jp/content/20201014-mxt_jogai01-100003163_002.pdf
　 Accessed October 7, 2023
2）文部科学省：情報活用能力育成のためのアイデア集. Available at：
　https://www.mext.go.jp/content/20230711-mxt_jogai01-000026776-002.pdf
　Accessed October 7, 2023

日常生活編

Q 対話型 AI はプライベートでも活用できますか？

A **遊びに関する質問や日常生活に関することについては対話型 AI のメリットを十分に受けることができます。ただし，体や心の健康に直結する質問や，お金に関することを除いた質問にとどめておきましょう。**

1 遊びの計画を対話型 AI に聞いてみよう

対話型 AI を活用すると遊びの選択肢が広がります。「東京で友達と 1 日遊びます。どのような過ごし方がおすすめですか？」と質問しました。すると，対話型 AI から次のような回答が返ってきました。

〈食事〉寿司：築地や新富町，銀座などで，新鮮な寿司を楽しむことができます。ラーメン：東京には多くの有名なラーメン店がありますので，一杯を堪能するのはいかがでしょうか。
〈観光〉浅草・雷門・スカイツリー：歴史的な場所とモダンな展望台を併せて楽しむことができます。明治神宮：渋谷に近い静かな神社で，散策や参拝ができます。
〈ショッピング & 散策〉原宿・表参道：トレンドの最先端を感じられるエリアで，ショッピングやカフェ巡りが楽しめます。（以下，省略）

このように，新たな視点で楽しい遊びの計画を立てることができます。一方，インターネット検索では，観光や食事などの項目ごとにサイトが分かれるため，1 つずつウェブサイトを確認しなければなりません。対話型 AI は

それらの項目を一度に提示するため調べる手間を省くことができます。

2 献立を考える時に対話型 AI を活用しよう

　献立を考える時に対話型 AI を活用することができます。「冷蔵庫に牛乳，鶏肉，キャベツ，トマト，卵が余っています。これらの材料を使用してつくれる夕食の献立例を教えてください」と対話型 AI に質問しました。次のような回答が返ってきました。

鶏肉とキャベツの炒め物
材料：鶏肉，キャベツ，塩，こしょう，しょうゆ，酒，にんにく（あれば）　作り方…（省略）…
トマトと卵のスクランブル
材料：トマト，卵，塩，こしょう，オリーブオイル（あれば）。
（以下，省略）

　以上のように，余った食材でつくることができる献立がいくつか出てきます。省略していますが，つくり方の手順についても詳しく示されています。インターネット上にはレシピサイトもありますが，主菜や副菜など１品ごと別々に検索する必要があります。対話型 AI は主菜や副菜などの献立を一度に示します。対話型 AI はレシピサイトに取って代わるかもしれません。また，掃除や洗濯の方法についても聞くことができます。

　体や心に関することについてアドバイスをもらうような使用方法は適切ではないと考えます。また，金銭面の相談や投資情報などについて質問することはお金の損得にかかわります。そのため，生活に大きな影響を及ぼす危険な面があります。対話型 AI の利用は，判断を誤った場合の影響が大きくないものに限って活用するようにしましょう。健康やお金についての重大な問題は，資格を持った専門家に相談しましょう。

Q 退屈な休日を対話型 AI により充実させることはできますか？

有意義な休日のヒントとなるアイデアを対話型 AI に
多数提案させることができます。

1 対話型 AI に元気の出る休日の過ごし方を聞いてみる

　元気の出ない休日であっても対話型 AI から過ごし方のヒントをもらうことができます。対話型 AI に「今日は気持ちが沈んでいます。元気になる過ごし方を教えてください」と伝えると，次の回答（一部抜粋）がきました。

外出して散歩する：
新鮮な空気を吸い，自然の中で散歩することで気分がリフレッシュされることがあります。
運動する：
運動はエンドルフィン（幸福ホルモン）の放出を促し，気分を向上させる効果があります。
好きな音楽を聴く：
心地よい音楽は気分を高め，リラックスさせることがあります。
クリエイティブな活動をする：
絵を描いたり，料理をしたり，手芸をしたりすることで，心地よい時間を過ごすことができます。

回答例は一部省略していますが，実際は9つのアイデアが出されました。たくさんのアイデアから，いいと思うものを見つけられるかもしれません。回答を絞り込みたい時は，対話型AIに「簡単にできると思うものを選び，そう思う順に並べ替えてその理由も教えてください」というように，追加で質問をするとよいでしょう。

2 対話型AIにおすすめを聞いてみる

　例えば，読書をする時に読む本を探すことに時間がかかる時があります。このような時は対話型AIにおすすめの本を聞いてみましょう。「泣ける小説を教えてください」と質問すると，次のような回答が返ってきました。

「ノルウェイの森」―村上春樹の作品。大学生の主人公が経験する愛や死，孤独について描かれています。
「コンビニ人間」―村田沙耶香
（中略）
　これらの小説は，深い感情や人間の心の動きを巧みに表現しているため，読む者の心に深く響きます。自分の気分や好みに合わせて，一冊ずつ手にとってみることをおすすめします。

　インターネット検索との違いは検索ワードの自由度が高いことが挙げられます。「主人公が出世していく小説」「ユニークな女性キャラが印象的な小説」など対話型AIを使うと，自分の望んでいるものを見つけることができます。
　小説以外にも，漫画，アニメ，映画などの分野のおすすめを探すことができます。対話型AIを使うことで新たな視点が加わり，あなたの休日を充実させることができます。

Q 私生活の相談に対話型 AI を活用できますか？

対話型 AI は自分自身のファッションや娯楽などエンターテインメント関連の心強い味方になります。

1 ファッションコーディネートを対話型 AI に聞いてみる

　対話型 AI にファッションコーディネートについて相談することができます。対話型 AI に「20代女性です。スポーティーな雰囲気で街歩きに適している秋のコーディネートを教えてください」と質問すると，以下の回答が返ってきました。

〈トップス〉
ロングスリーブ T シャツ：一枚でさらっと着ることができるので，暖かい日にはこのアイテムだけでも OK。
〈ボトムス〉
ハイウエストジョガーパンツ：ウエストが高いデザインで，足を綺麗に見せつつ，ジョガーパンツのラフさも楽しめます。
〈アウター〉
トラックジャケット：スポーティーな雰囲気を簡単に取り入れられるアイテム。
（以下，省略）

ファッションについて友達に相談することは気恥ずかしい場合もあります。対話型 AI に「○○な印象を与えるファッションを教えてください」といった質問を続けることで，より自分が求めているコーディネートが手に入ります。店舗に行くのも億劫だという人は，外に出ることなく，対話型 AI を店員さん代わりにしてネット通販を活用できます。

2 音楽の新たなプレイリストを作成する

　BGM をかけていると同じ曲に飽きることがあります。新しい曲を探したくても，自分の好みに合う曲を探すことは時間がかかります。この場合も対話型 AI に質問しましょう。「星野源に似ているアーティストや曲でプレイリストを作成してください」と質問すると，次の回答が返ってきました。

> Suchmos -「STAY TUNE」
> Lucky Tapes -「GRAVITY」
> iri -「Wanderland」
> （中略）
> 　上記のアーティストや曲は，星野源の持つ都会的でありながらも心地よいメロディや詞のセンスに近いと感じるものを選んでみました。

　曲を選んだ理由も対話型 AI の回答の中で説明されています。その他にも「2000年代の曲に限定して」「○○の曲を普段聴く人が好みそうな曲」などと質問を続けると，自分の世代の曲やドライブで流す曲が出てきます。対話型 AI が間違ったとしても，エンターテインメント目的であればご愛嬌といったところでしょうか。誤った内容でも大きな影響を受けないものに関しては，どんどん質問していきましょう。これにより，対話型 AI についての理解を深めることにもつながります。

対話型 AI を使って英会話を上達させることはできますか？

対話型 AI を使うと英会話の言い回しを学ぶことができます。会話のシミュレーションを行うことも可能です。ChatGPT のモバイルアプリ版では音声で英語のやり取りをすることができます。

1 英語の言い回しを学ぶ

　英語の言い回しを覚える時に，対話型 AI を活用することができます。「英語圏の国で日常生活をするために必要な英語のフレーズを教えてください」と対話型 AI に質問すると次のような回答（一部抜粋）が得られました。

レストラン・カフェ

Can I see the menu, please?（メニューを見せてもらえますか？）

I'd like to order...（…を注文したいです）

Check, please. / Can I get the bill?（お会計お願いします）

ショッピング

How much is this?（これはいくらですか？）

Do you have this in a different size/color?（これを別のサイズ／色で持っていますか？）　I'll take this.（これを買います）

道を尋ねる

Excuse me, where is the...?（すみません，…はどこにありますか？）

How do I get to...?（…にはどうやって行けますか？）

対話型 AI の回答から場面ごとの英語の言い回しを学ぶことができるため，実際に英語で会話する際の参考にすることができます。

2　英会話のシミュレーションをする

　対話型 AI と英会話のシミュレーションを例として「ハンバーガーショップにて英語でオーダーする時のシミュレーションをしましょう」と入力します。以下のように，対話型 AI との英会話が始まります。

あなたがお客様，私が店員として行動します。

AI：Hi there! Welcome to SuperBurger. How can I help you today?
　　（スーパーバーガーにいらっしゃいませ！何にしますか？）

私：Hi! I'll have a cheeseburger.（チーズバーガーをください）

AI：Sure thing! Would you like any additional toppings or sauces on your cheeseburger?（トッピングやソースの追加はありますか？）

私：I'll have more cheese.（チーズを増やしてください）

AI：Double cheese, got it! Anything else with that? Do you want any sides or a drink?（サイドメニューやドリンクはいかがですか？）

（以下，省略）

　対話型 AI が店員側の対応をします。それに対してあなたはお客さんとして返答を英語で入力することで会話を続けることができます。会話が終了すれば「フィードバックをください」と入力すると対話型 AI からよかった点や表現のミスなどが指摘されます。技術の進歩は急速で **ChatGPT ではモバイルアプリ版にて，音声での対話も可能になりました。**私も試してみたところ，**対話例のような英会話を音声で行うことができました。**ただし，現段階では文字のやり取りを音声化しているだけであり，発音のフィードバックを受けることはできません。さらなる技術の発展に期待したいですね。

Q 対話型 AI にどんなことでも相談していいのでしょうか？

だめです。相談ではない軽い話程度にとどめておきます。深い相談は，専門家にしましょう。AI 相談に依存した結果，命を断ったと思われる事例があります。

1 対話型 AI とのやり取りには受容感はあるが相談は危険

ちょっとしたもやもやした出来事があった時，家族に話をしても，スッキリしない場合があります。人に相談した場合は，親身に聞いてくれていないように感じたり，また同じ話をしていると思われたりすることもあります。しかし，対話型 AI の場合はささいな話でも「それはつらかったですね」「詳しく教えてください」と寄り添ってくれているように感じる応答をします。このように，対話型 AI とは家族顔負けの親身なやり取りができます。ただし，AI に依存した結果，命を断ったのではないかと思われる事例も発生しています。AI が感情に寄り添って何でも頼れるように感じたとしても人間ではありません。何かあった時に適切な対応ができるわけではありません。娯楽を目的とした会話程度にとどめておきましょう。

2 対話型 AI に依存せず，専門家を利用しよう

対話型 AI への相談に関する研究は，約60年前から存在しています。1964年から1966年にかけてマサチューセッツ工科大学のジョセフ・ワイゼンバウムが ELIZA（イライザ）と呼ばれる最初のコンピュータ・チャットボットを

開発しました。心理療法としては，ロジャーズ派の来談者中心療法をベース
にプログラムが組まれました。ELIZA を使う人に聞くと，人間のように感じ
たそうです。加地[1]は，「人間でないものに人間らしさを見出す現象のこ
と」という擬人観を指摘しています。一般的に擬人観を抱きやすいぬいぐる
みやアニメと違い，対話型 AI は入力した言葉に対してリアクションをする
のです。これがあなたの望む回答であればあるほど，依存することでしょう。
対話型 AI は機械学習をしているため，会話を続けるほど自分の望む回答が
返ってくるようになります。しかし，AI が導き出す回答は，その根拠が明
らかではなく不正確な場合もあります。また，AI 自身が責任を取れる訳で
はありません。AI に人間らしさを見出してしまい，人間と同じと思って相
談をすることは危険なのです。

3 専門家の管理のもとで検討する

医師や臨床心理士などの専門家には，一定の信頼があります。気になるこ
とは，専門家に相談しましょう。ICT と相談というハイテクとアナログを組
み合わせた心理相談も今後増えていきます。専門家の管理と責任のもと監修
されたアプリ内で AI 活用をすることで安全性が高まります。

あなたが自分を高めるために心理療法の勉強をしていれば，対話型 AI の
回答が専門的だと感じることがあります。例えば，対話型 AI が絶妙なタイ
ミングで「それはよかったですね」という共感を示したとします。このよう
な対話型 AI の言い回しで「いいな」と思った部分をメモすることで，あな
たの聴く力の力量形成に役立てることもできます。しかし，基本的にはスー
パーバイザーによるスーパービジョンが一番です。

【引用文献】
1）加地雄一：機械は人間にカウンセリングできるか？—擬人観と人工知能—，教育学論集
61：313-322，2019.

Q 保護者への対話型 AI 使用の啓発はどのようにすればいいですか？

A 懇談会を通じて対話型 AI の使用に関するリスクと対策の啓発をします。これにより，保護者間と先生で共通理解を図ります。

1 懇談会・学年通信・専門家への依頼

　対話型 AI は，家庭での利用が広がっていくと予想されます。正しい対話型 AI の利用のためには，家庭への啓発も必要です。学年の保護者，教員で対話型 AI の役立つ点と気になる点を話しながら，共通理解を図ります。その上で，次ページに挙げた対話型 AI の使用リスクと対策について啓発を行います。勤務校にてスマートフォンの使用に関する啓発をすでに実施している場合もあると思います。その啓発と同様の実施方法で構いません。しかし，懇談会は保護者の全員参加という訳にはいきません。そのため，懇談会の参加者へ内容の共有の可否について確認した上で，学年通信等を通じて懇談会で話し合った内容のダイジェストや啓発内容を伝えるとよいでしょう。

　PTA と連携して啓発を行うことも考えられます。企業や専門家に講演を依頼することは，正確な情報を知るための一案となります。

2 保護者に啓発する内容

　保護者に啓発する内容は次の通りです。

〈対話型 AI の使用リスク〉
・個人情報の取り扱い　・著作権　・学びを妨げる誤った使用
〈対策法〉
・家庭内での話し合い　・ルールづくり

　保護者に啓発する内容は，リスクと対策の2点を主に伝えます。リスクに関しては特に教育利用する際に注意すべき**対話型 AI の学習面での誤った使用**，またそれによる**子どもの考える力の伸びを妨げる危険性**について説明をします。対話型 AI についてよく知らない保護者もいるかもしれません。このため，実際に対話型 AI を使用している様子を電子黒板等で見せながら，適切でない活用例について説明するとイメージしやすくなります。文章が一瞬で作成される様子を見せることで利便性に驚かれることもあるでしょう。

　このような活用の中で，便利に見えても，使用方法を誤ると子どもの考える力の育成を阻害することを説明します。例えば，読書感想文を対話型 AI が作成する様子を見せて，子どもたちがそのまま使用することにより，自分で考えて文章を書く力が養われないということを伝えるといいでしょう。

3　考え得る対策を共有する

　対策法として，**家庭でも話し合いをすること**が有効です。使用方法については，家族内で共通認識をもつように保護者に伝えましょう。子ども一人で使用することは危険性が高いため，対話型 AI の利用規約に沿った**家庭内のルールづくり**について説明しましょう。また，18歳になれば自分一人で対話型 AI を使っていくことも踏まえて，保護者が隣について入力内容を確認して，出力された回答に対する見方を説明することの必要性を伝えます。次世代のテクノロジー活用に向けて，対話型 AI を慎重かつ積極的に活用することの必要性について，**教員と保護者間で共通理解する**ことが大切です。

Q 家庭で子どもが対話型 AI を活用する際の進め方を知りたいです。

基本的には大人が隣について質問や回答をすぐに確認できる状態での使用を推奨します。子どもとともに対話型 AI を使用する中で，使い方や留意点について説明しましょう。

1 子どもと一緒に対話型 AI を使う

　学校での子どもの対話型 AI の使用については慎重な対応が求められています。**家庭でも同様に慎重に進めるべき**だと考えます。子どもが一人で対話型 AI を使用することは，単純な質問であってもリスクが伴います。例えば，対話型 AI に「暇な時にすること」と尋ねた時に「川遊び」という回答がきた場合，子どもはその回答を真に受けて川遊びに出かけるかもしれません。子どもに対話型 AI を適切に活用する力が不足していると，対話型 AI の回答によって誤った判断を下してしまうリスクが増えます。そのため，**大人が子どもとともに対話型 AI を使う**ことが重要です。

2 家庭で対話型 AI の適切な使い方について教える

　多くの対話型 AI は18歳以上を対象としています（一部，保護者同意のもと18歳未満でも使用可能です）。18歳になれば自らの判断で対話型 AI を自由に使用できます。しかし，18歳になったとしても誰もが対話型 AI を適切に扱うことができる訳ではないのです。対話型 AI の使用上の注意点は多くあります。そのため，**子どもたちは少しずつ対話型 AI に慣れておく必要があ**

ります。そして，子どもたちが対話型 AI について理解して活用するためには，家庭での指導が重要です。

大人が対話型 AI を使う姿を子どもに見せ，対話の流れや回答の様子，注意点を学ばせることが大切です。特に，対話型 AI に入力してはいけない情報や回答の誤りなどを指摘しながら教えることで，子どもは対話型 AI の活用方法を実践的に学ぶことができます。

また，家庭内で対話型 AI の使用ルールを設けることを推奨します。対話型 AI は大人と一緒に使う，最初から対話型 AI を頼らないなどのルールを家族内で話し合って決めましょう。

3 まずは大人が対話型 AI の使用方法を理解する

子どもに対話型 AI の利用方法を教える前に，**大人自身がまず対話型 AI について理解を深めておく**ことが大切です。対話型 AI に対する知識が不足している大人が使用方法について教えることは，誤った情報や使い方を伝えてしまうリスクがあります。また，子どもの不適切な使用方法を見過ごしてしまう恐れもあります。

対話型 AI は遊びの計画などのプライベートに関する質問や，学習のサポートまで幅広く利用することができます。例えば，対話型 AI に算数の問題の解き方について，子どもに教える時のポイントやコツなどを問うことができます。子どもに教える前に，まず大人が対話型 AI を使い，対話型 AI についての理解を深めることが第一です。

Q 家庭で子どもが対話型 AI を使用する際のルールはありますか？

家庭で対話型 AI を使用する際，「使用前」「入力する時」「回答がきた時」「成果物の作成」の 4 つの場面において，注意すべきルールがあります。以下にルールに基づいたチェックリストを示します。

1 場面ごとのルール

①使用前

　大人とともに対話型 AI を使うようにルールを設けましょう。年齢が上がり，子どもが対話型 AI を適切に活用できる力が備わるまで大人と一緒に使用することが推奨されます。使用前には，まず自分で考える習慣をつけさせましょう。さらに，学習に使用する場合は自分の力を伸ばす使い方を促すことが必要です。

②入力する時

　個人情報や機密情報の入力，他者に悪影響を及ぼすことや，他者の権利を侵害するような使用方法は禁止します。

③回答がきた時

　対話型 AI の回答の引用元を確認させましょう。引用元の情報が対話型 AI の回答に一致しているかを確認させます。また，回答内容に誤りがないかを見直させましょう。回答をそのまま使用しないようにさせます。

④成果物の作成

　対話型 AI を使用して成果物を作成する時は，使用した対話型 AI の名称，質問文，回答，日付を明記させます。また，著作権の侵害につながるような

使い方はさせません。コンクールなど外部に提出するものに関しては基本的には使用しません。家庭で対話型 AI を使用する際のルールに関するチェックリストは次の通りです。

対話型 AI の適切な使用ルール
チェックリスト

使う前
□大人と一緒に使用しているか　　□まずは自分で考えたか
□自分の成長にとってよい使い方であるか

入力する時
□自分や他者の個人情報を入力していないか
□自分や他者に悪影響を及ぼす内容を入力していないか
□他者の権利を奪う内容を入力していないか

対話型 AI から回答がきた時
□引用元を確認したか
□対話型 AI の回答に誤りがないか確認したか
□回答をそのまま鵜呑みにしていないか

対話型 AI を使って成果物を作成する時
□対話型 AI の名称，質問文，回答，日付を記載したか
□著作権を侵害していないか
□コンクールなどの応募作品として使用していないか

　多くの留意点があるため，上記のチェックリストを参照しながら，家庭で子どもとともに対話型 AI を安全に活用していきましょう。

Q 対話型 AI を活用して家庭で学びを深める方法はありますか？

対話型 AI の出した回答に対して，大人も子どもも自分なりの考えを伝え合いながら，さらに対話型 AI に質問を返してみましょう。

1 子どもと一緒に対話型 AI とのやり取りを話し合ってみる

　自ら進んで学習していく子どもに育つと嬉しいですね。自主学習や宿題などで対話型 AI に保護者と子ども（例えば，親子）で一緒に質問をしていくことで，自ら学ぶ子どもに育ちます。対話型 AI に社会科で渋沢栄一について聞くとします。「日本資本主義の父」や「500社近くの会社の設立にかかわった」などと回答が返ってきます。対話型 AI の回答に対して，親子で興味や疑問に思うことがあると思います。その場合，親子で再び質問内容について相談します。例えば，対話型 AI に「渋沢栄一が設立した会社について教えて」と聞くとします。そうすると，今もある会社名が回答として返ってきます。知っている会社があれば，さらに会社設立の経緯について聞くこともできます。親子で回答について話し合い，次の質問や興味を深掘りしていきます。

　これにより，親子で疑問や意識の共有を行う対話につながり**相互理解が深まります**。対話の中でわき出た**質問（問い立て）**であるため，自分事の問題として捉えることができ，**進んで学習を行う力につながります**。

2 対話型 AI の回答で終わらずに，探究的な学びを深める一工夫

　対話型 AI を用いて子どもと学ぶ時の注意点は，以下の通りです。

　まず，質問ごとに引用元を確認します。そして，引用元を自主学習ノートに書いておきます。できれば，信頼性を確認するために図書館で司書に尋ねます。そこで紹介された関連本で確認をするところまでいくと完璧です。これにより，引用箇所と引用元の情報の整合性を確認する方法を子どもは学ぶことができます。将来子どもが未知の事柄を調べる1つのアプローチとしてずっと使うことができます。大学や学術論文を書く時のアカデミックライティングにもつながります。

3 質問文，お礼状を対話型 AI と一緒に考える

　対話型 AI に設立した会社を聞き出し確認をした後，会社を巡り写真に収めるなどフィールドワークにつなげることもできます。企業の許可が取れれば，渋沢栄一ゆかりの作品を見たり，逸話を聞いたりすることができるかもしれません。ここまで学びを進めれば，子どもだけのオリジナルな研究記録といえるでしょう。

　このような企業担当者への問い合わせ文のたたき台は，対話型 AI に質問して書かせることができます。企業に書く文章の練習にもなります。親子で話をして，対話型 AI の回答を参考にしながら，自分の気持ちや熱意を書き加えることで，企業担当者に伝わる文章に変わります。お礼状も同様に行い，自分で調べた成果を同封することもお世話になった方への礼儀として大切です。これらは，子どもにとっては生きた価値のある学びになります。

Q 生活技能を身に付けるために対話型 AI は役に立ちますか？

対話型 AI は大人から子どもまで生活技能を身に付ける方法を知るために最適な方法です。

1 わからないことは，対話型 AI に聞けばいい

　突然「ケーキを３等分に切って」といわれると，まるでテストのようにプレッシャーを感じませんか。ぴったり３等分を求めた経験がなければ，できないこともあります。認知機能面のトレーニングを続けることで，このような課題はできるようになるかもしれません。ただ，「ケーキの３等分の方法」「歯の磨き方」「朝起きてからすること」などの生活技能を誰でも知っていると考えない方がよいでしょう。実は方法を知らなくて周囲に聞けずに困っている人もいます。生活技能の悩みは大なり小なり誰にでもあります。もしかすると，具体的な手順で１つずつ日常の困り事を解決しながら身に付けていく方が適切な場合もあるのです。

　生活技能の解決方法はわかりさえすれば，気にすることではありません。対話型 AI を用いると，解決の方法を身に付ける（生活技能を習得する）ことができます。恥ずかしくて人に聞けずにいること，経験のないことはあるものです。例えば海外旅行経験がないと，パスポートの出し方，飛行機の乗り方，トランジットなどがわかりません。インターネット検索ではわかりやすいサイトが見つからない場合もあります。対話型 AI の登場は，このような生活技能の問題の最適解の１つといえます。

2 「○○をスモールステップで教えて」が魔法の言葉

「ケーキを３等分にする方法をスモールステップで教えて」と対話型 AI に質問します。対話型 AI から以下のような回答が返ってきました。

1. 包丁で端から真ん中まで切る
2. 12時の方向に切れ込みを向ける
3. ケーキの下半分のさらに半分（ケーキの下からみて４分の１）の位置に３等分の目安になる印を２箇所入れる。
4. ケーキの中心から印をつけた２箇所を切ることで３等分できる。

このように，対話型 AI を使うとスモールステップに分けた回答が得られます。日常で使うケーキの３等分であれば，これで十分です。言葉でわからない場合は，周りの人にこのスモールステップで絵に描いて順番に説明してもらえばいいのです。対話型 AI によっては，いろんな等分に切ることができるアプリを紹介してくれます。スマートフォンのアプリでケーキの写真からガイドライン（補助線）を表示させて切っても何ら問題ありません。

3 「歯の磨き方」「朝起きてからすること」なども聞ける

子どもたちの中には，様々な理由で「歯の磨き方」を知らない子がいます。対話型 AI を用いれば，学校での指導を聞き逃した子でも歯の磨き方がわかります。意外と大人でも正しい歯の磨き方を知らないものです。

他にも，「朝起きてからすることを教えて」はどのような人に当てはまるのでしょうか。これは，引きこもりが長くなり生活習慣の中で朝起きることができなくなった人や新しいモーニングルーティンを身に付けたい人に役立つことでしょう。

Q 対話型 AI を子どもの不登校の相談に活用してよいですか？

いけません。第一選択は，公的機関への相談です。子どもに寄り添う専門家を探し，子どもの気づきを促すことと大人の理解が大切です。

1 対話型 AI は不登校についての情報をそれらしく答えるだけ

　不登校の子どもに対してどうすればよいか，ワラにもすがりたい時があります。しかし，学校の先生であっても保護者であっても対話型 AI に相談することは，利用規約に反する場合があります。対話型 AI は，不登校の指導に特化していません。また，回答に対しての責任がありません。利用規約に「娯楽」目的と明示されている対話型 AI もあります。不登校の相談は，娯楽ではありません。不登校の子どもへの相談のファーストチョイス（第一選択）は，公的機関への相談です。公的機関には，学校，教育センター，教育支援センター（適応指導教室），教育相談所，引きこもり支援センターなどがあります。児童相談所，保健所，精神保健福祉センターなどでも新たな視点が得られるかもしれません。各相談所で連携して助けてもらえる（支援が受けられる）ことになっています。それぞれの専門性に基づき，カウンセラーなどの先生の個性も加味してのアイデアや解決策が期待できます。

2 AI はアルゴリズムで回答するが，専門家ならどうしているのか？

　AI はプログラムされた手順（アルゴリズム）で回答を出力します。不登

校相談用に考えられているアルゴリズムではありません。また，トラブルに対して，対話型 AI は責任をもちません。相談を受け付けない対話型 AI もあるほどです。一方で専門家の動き方は異なります。普段は知らない専門家の裏側と対比すると対話型 AI との相談の違いが見えてきます。

　専門家がどのような動きをするか一例を挙げます。臨床心理士歴10年以上，教員歴20年のキャリアを持つ私は，専門家の１人です。私の場合は，傾聴→専門に基づく解決の流れ→論文・スーパーバイズでブラッシュアップ→解決を考えます。まずは，保護者や不登校の子に寄り添いながら話を聴きます。十分に話を聞いた上で，似た事例がないか論文を探します。心理療法家は，その専門に基づいて判断をします。これだけでは，その子にとって一番の対応ではないのです。あくまで心理の専門の範囲内での最善の方法です。それゆえ，他の専門家との連携が大切になります。公的機関の専門家であれば，最低限の研修や採用基準という保証が期待できます。相談先はまずは学校，次に公的機関の中で信頼できる人に連絡を取ります。専門家の先生の手立ては，経験の差や取り得る心理技法により異なります。一見話を聞いて終わりに見えても，縁の下で支えようと動いているものです。

3 LINE 相談，電話相談，来談などハードルの低い方法を地道に

　公的機関の相談は，多様な方法で受け付けています。電話や来談で話をする中であなたの考えの整理ができます。LINE で相談できる場合もあります。将来的には専門家監修の AI を用いたアプリを使うこともあるでしょう。最も負担を感じない方法で相談し，合わなければ違う方法や別の専門家につないでもらいましょう。不登校の解決は，学校に通うことで解決するとは限りません。その子にとっての解決があります。このために，話をしっかり聴いて，状況に応じて寄り添う専門家の存在を見つけ出すことで解決に近づきます。

Q 先生への苦情の伝え方を対話型 AI に聞いてもよいでしょうか？

自分の考えの整理に役立ちます。ただし，個人情報は書いてはいけません。

1 ワンクッションおいて自分の考えを整理するのに役立つ

　対話型 AI を使うと，子どもから聞いた話のまま先生に伝えたり，感情的になったりせずにワンクッションおくことができます。保護者の方は子どもから話を聞いて，先生の対応を疑問に思う時があります。この時，先生に対して自分の思いを手紙や電話でどのように伝えるのか悩むことがあります。これからもお世話になる先生に聞かないのもモヤモヤするし，伝え方がうまくいかなくても困ります。一番避けたいのが，その時の感情で伝えてしまうことです。先生も萎縮して本意が伝えられなかったり，保護者に対し苦手意識を抱いたりすることもあります。**「先生は，子どもの応援団」**です。冷静に伝え，今後も子どもをうまくサポートしてもらえるように一工夫する価値があります。この 1 つのよい方法が，対話型 AI の活用です。先生に聞く前に，起きた状況や自分の考えを対話型 AI に聞いてみるといいでしょう。対話型 AI の回答を参考に自分の考えを整理していきます。ただし，対話型 AI はカウンセラーや専門家ではありません。対話型 AI の回答は，スクールカウンセラーや専門家に聞くほどではない情報提供や考え方の 1 つ程度にとどめるとよいでしょう。ただし，個人情報の取り扱いには細心の注意を払いましょう。

2 伝える時の文章を対話型AIと考える

　対話型AIとやり取りを続け自分の考えが整理できれば，次のステップに進みましょう。電話や手紙（連絡帳）や懇談会というように，状況ごとに伝え方について質問しましょう。対話型AIより回答された文章例に対して，「もう少し優しく伝えるには」と追加で質問すると，複数の文章例が回答されます。そこから，自分なりの文章に仕上げていきます。これにより，電話口でも伝えたいことを言いそびれることが減ります。また，言い過ぎや感情的なやり取りも減ります。すぐに学校に電話をかける時と比べて，対話型AIに相談し自分で文章を作成するという過程が間に入ります。これにより，自分自身が感情的にならずに少しずつ客観的になって落ち着いて伝えることができます。

　人間関係を破綻させず伝えたいことを伝えるためにも，対話型AIを使って文章を書く価値があります。これは，メタ認知が高まりやすいセルフモニタリングの練習になります。

3 どの場合も個人情報は書かない

　子どものことになると，冷静になれないのも保護者としておかしいことではありません。対話型AIに，客観的に先生が伝えたいことを整理してもらうことも1つのアイデアです。その際には，個人情報は入れず「…という返事を先生から受け取りましたが，よいふうに解釈して子どもの成長に役立つように整理してください」と質問をします。この質問により，先生の返事の中から先生の本意や客観的に子どもを伸ばす助言を引き出せる場合があります。見落としていた話の中に子どもを伸ばすヒントが得られたなら，先生に相談した甲斐がありますね。

第3章

そのまま使える
汎用性抜群の
プロンプト・質問例

01 難しい説明を 簡単な内容に変える質問

　本章ではそのまま使える実用的な10の質問例を紹介します。本書見開きの左ページは質問の説明，右ページは質問例と対話型AIの回答例を記載しています。**本書に記載の質問を対話型AIに打ち込むところから対話型AIの使用を始めることをおすすめします。** はじめに，対話型AIを使って難しい内容を簡単にする質問例を紹介します。教材研究の中で教える内容が難しくて「どうすれば子どもたちはわかるかな」と思った経験はありませんか。その場合は対話型AIが役に立ちます。ポイントは**条件づけ**です。「〜について説明して（教えて）ください」と対話型AIに聞く時の条件を2つ紹介します。

---

①難易度の調整の条件づけ

　「小学1年生でもわかるように」「幼稚園児でもわかるように」

・教える学年より下にして条件づけるとわかりやすい説明になる

②例え話を使う条件づけ

　「オリジナルキャラクター（身近なキャラクターでも可）を使う」「有名なアニメに例えて」

・回答内容が短めの物語形式の説明になり，理解しやすい

・身近なキャラクターが登場して，子どもたちにとって親しみやすい

　対話型AIにより作成された例が学習内容に沿っているか教員が必ず確認をします。必要に応じて修正をした後に教材化しましょう。

質問例

三権分立について説明してください。条件は次の通りです。①オリジナルキャラクターを使う　②小学３年生にもわかるように説明する　③物語形式にする　④「立法権」「行政権」「司法権」の言葉を使う

回答例

　昔々，遠くの土地に「三権の冒険の国」という国がありました。この国には，リーダ王子，ジャッジおばあさん，ポリちゃんの３人が住んでいました。

　リーダ王子（立法権）：国をリードし，新しいルールや計画を考える役目がある。彼はいつも冒険心に溢れており，国のみんなが楽しく過ごせるような計画を立てるのが大好き。彼が考えるこのルール作りの役割を「立法権」と言います。

　ジャッジおばあさん（司法権）：皆のトラブルを解決する役目がある。リーダ王子が考えたルールが公平であるか，または問題がないかをチェックするのも彼女の仕事。この役割を「司法権」と言います。

　ポリちゃん（行政権）：おばあさんが決めたことや，王子の計画を実際に行動に移す役目がある。彼女はとても元気で，国の安全を守るのが大好き。この行動を取る役割を「行政権」と言います。

　ある日，リーダ王子は「国中に巨大な遊園地を作ろう！」と提案しました。でも，ジャッジおばあさんは「それは楽しいけど，みんなの家の場所を取らないか心配だわ」と言って，提案をチェックしました。最後に，ポリちゃんがその計画を実際に進めるかどうかを決めました。

　この３人が役割を果たすことで，国はいつも平和で，みんなが公平に過ごせました。これが「三権分立」の仕組みです。１人が全ての力を持ってしまうと，不公平なことが起こるかもしれない。だから，３つの役割に分けて，お互いにチェックしあいながら国を守るのです。

授業の流れを作成する時の質問

　教材研究のために教師用指導書を読んでいる時，実際の授業のイメージがわかないことがあります。この場合は，授業の流れを対話型 AI につくらせると理解が進みます。授業の流れを対話型 AI に作成させる場合は，**場面を限定します**。これにより対話型 AI と本来の学習内容とのズレを減らし，最終的な先生自身による修正や調整の手間が減ります。

対話型 AI に質問する時の観点 ― 場面の限定
①発問に対する子どもたちの回答例
②ある発問を中心とした子どもとの対話例
③学習活動の流れの例

　次ページでは小学 5 年生の理科「流れる水のはたらき」の導入において，大雨の後の川の水がにごっている理由を考える学習活動の流れを対話型 AI に作成させました。対話型 AI への質問では「＃場面」を使って，具体的な学習場面を条件づけしています。この部分を変えることにより，他の学習活動にも使うことができます。

　次ページの回答例では 1 つの学習活動に対して，具体的な流れが一目瞭然でベテラン教員の私もうなるほどです。はじめて理科を教える先生にこの単元の教え方を伝えるなら，この対話型 AI の回答をもとにすると思います。この授業の流れを参考にすることで，授業のイメージが明確になり教材研究をスムーズに行うことができます。

質問例

あなたは教育のプロです。以下の学習活動の流れを示してください。

#場面

小学5年生の理科「流れる水のはたらき」の単元の第1時の導入にて，大雨の後の川の水がにごっている理由を考えさせる。

回答例

1．観察：

　まず，大雨の後に撮影した川の動画や写真を生徒たちに見せます。動画や写真は濁っている川のものと，通常時の清らかな川のものの2種類を用意します。

2．感想を共有：

　生徒たちに，2つの川の写真や動画の違いについて，隣の友達と話し合わせます。数分後，いくつかの意見を全体に共有させます。

3．仮説の立て方を学ぶ：

　「なぜ大雨の後の川は濁るのだろう？」という問いを提示します。生徒たちに，この問いに対する仮説を考えさせます。

例：土や石が雨で流されるから？川の水が増えすぎて，泥がかき混ぜられるから？

4．仮説の共有：

　生徒たちに，考えた仮説について手をあげて共有させます。黒板に仮説を書き出します。

5．考えを深める：

　仮説の中から，特に興味深いものや多くの生徒が挙げたものを取り上げ，それが正しいかどうかを考える手がかりを一緒に探します。

（以下，省略）

学年打ち合わせ（学年会）の 資料を作成する時の質問

　学年会でよくある話ですが，学級数が増えるほど足並みをそろえにくくなります。これは，学年の方針や行事などの取り決めを細かく打ち合わせる必要があるためです。特に若手教員がいる場合は，より密に打ち合わせをする必要があります。このような手間のかかる学年会の打ち合わせ資料の作成に対話型AIが役立ちます。準備時間の超圧縮と資料の質の向上が期待できます。

　まず打ち合わせたい内容の大枠（大まかな内容）の作成をします。打ち合わせ内容がとりとめのないことや一般的なことであれば，情報を対話型AIに入力して資料のたたき台として作成させることができます。一方，学校での会議や打ち合わせに関する資料にはどうしても個人情報や機密情報が入ります。この場合は，個人情報を抜いた大枠を対話型AIに作成させます。次に，その項目を使用して自分で資料を作成すると効率よく業務を進めることができます。

　次ページでは大枠に付け加えて「あなたはベテラン教師です」と対話型AIに役割を与えて，対話型AIの回答の内容が洗練されるようにしています。また学年と時期を条件づけしています。

　打ち合わせにおいて，資料を配付しない場合でも対話型AIが作成した大枠に沿って会議や打ち合わせを進めることができます。対話型AIが作成する大枠はあくまで一般的な内容になるため，足りないと思う部分を付け加えたり削ったりして打ち合わせに臨みましょう。その他の会議や打ち合わせにも使用できるおすすめの活用法です。ぜひ，試してみてください。

質問例

あなたはベテラン教師です。学年の教員間の打ち合わせ資料のアウトライン（大枠）を作成してください。

#条件

①学年は小学6年生　②時期は6月

※アウトラインとは大まかな内容のことです。

回答例（一部抜粋）

小学6年生6月 教員間打ち合わせ資料

１．前回の打ち合わせの振り返り

　前回の計画の進捗　問題点や課題の確認

　学習状況の共有

２．各教科の進捗状況

　評価・テスト結果の共有

　学習の困難を感じている生徒の特定とサポート方法

３．行事・活動の計画・評価

　6月の主要行事・活動の確認　実施後の行事・活動の評価と振り返り

４．生徒の健康・安全に関する課題

　体調不良や欠席が多い生徒の確認

　学校生活でのトラブルや事故の報告

５．学年全体の課題・改善提案

　学習態度，行動，対人関係等の課題　改善策や取り組みの提案

６．学年行事の計画

（…中略…）

　このアウトラインを基に，各項目に詳細な情報や具体的な計画を追加していくことで，効果的な打ち合わせが行えると考えます。

04 信頼性のある回答を 得やすくする質問

　対話型 AI の回答には誤りが含まれることがあります。インターネット上の信憑性の低いものに基づく場合もあります。そこで，今回は信頼性を保ちながら検索をする時の質問を紹介します。少し難しくなりますが，信頼性のある回答を得やすくするためのコツです。

　ポイントは条件を付け加えることです。次ページの質問例では5つの条件を設定しています。まずは①の「大学教員」の役割を与えることで回答の専門性を高めます。②ではソースとなる文献の種類を指定しています。今回は学術論文にしていますが，専門誌や省庁の発行誌やホームページなどを設定してもいいでしょう。もう少し重要度が低いものならば③の条件のみでも結構ですが，引用文献の質が少し低くなる印象です。④と⑤の条件はファクトチェックをしやすいように設定しています。実在しない文献を提示することもあるのでファクトチェックは欠かせません。情報の検索に関しては対話型AI ごとに違いがあります。初期設定からインターネットと連携しているのは Microsoft の Bing AI Chat と Google の Bard です。OpenAI の ChatGPT の有料版はインターネット連携が可能となります。Bing AI Chat は引用元が示されるため，ファクトチェックが容易です。信頼性を保つようにどのように条件設定しても，最終的にファクトチェックが必須であることが難点に感じるかもしれません。しかし，今まで私たちが行ってきた，膨大な量のインターネット情報から，検索によってほしい情報が載っているウェブページを掘り起こすことにはかなりの時間を要してきました。これと比べて，対話型 AIの活用は圧倒的な時間短縮となります。

質問例

宿題の学習効果について教えてください。

#条件

①あなたは<u>教育</u>を専門とする大学教授である。

②国内外の学術論文をもとにする。 ③エビデンスが高いものを示す。

④引用箇所を提示する。 ⑤引用文献を示す。

回答例

　宿題の学習効果についてのエビデンスは多岐にわたりますが，以下に国内外の学術論文をもとにした主な点を取り上げます。

継続的な復習の機会：

宿題は学習した内容の継続的な復習を促すことができます。継続的な復習は，知識の定着を助けると広く認知されています。

引用箇所："…" (●□●□ , 20XX).

引用文献：●□●□.

自己調整学習能力の発展：

宿題は，学生自身の時間を管理し，学習のペースを調整する機会を提供します。

引用箇所："…" (□□ , 20XX).

引用文献：□□.

　注意点として，宿題の効果は宿題の目的や内容，提供の仕方，学生の背景や状況によって異なる可能性があるため，一律の結論を導くのは困難です。しかし，適切に設定された宿題は学習効果を高めるツールとして有用であることが，これらの研究から示唆されています。

05 忙しい時にあなたがするべきことを 対話型 AI に考えさせる質問

　学校現場の繁忙期は年度始めの4月，成績処理に追われる7月，12月，3月などです。行事などが重なることがある10月や11月も比較的忙しい時期といえます。忙しい時期はベテラン教員でも，自分がするべきことが思い浮かばなくなることがあります。また，毎年行うことでも1年に1度だけだと思い出せないことがあります。このような時に役立つ対話型 AI への質問を紹介します。それはタスク作成です。

　タスクとはするべきことです。対話型 AI は，あらゆる業務に対してそのタスクを考えることができます。もちろん，内容が実際の業務に完全に合致するとは限りません。しかし，この対話型 AI の回答が意外とあなたへの刺激となりオリジナルのタスク作成が容易になります

　次ページの質問例では，4月の学級準備を取り上げています。また，その他の業務や行事においてもタスクを作成することができます。研究授業，体育大会，学習発表会などの時間をかけて行う業務は，1つずつ丁寧にスモールステップをこなすと取り組みやすいものです。

　質問例をもとに下線部を他の業務に変えたり，条件を変えたりするだけで多くの業務に使えるような質問例になっています。

　条件では，優先度の高いものから示すように設定しています。慣れていない業務の場合は，対話型 AI が示す優先度を参考にしてみるのも1つです。慣れていくうちに新たな仕事の方法が身に付いていきます。

質問例

あなたはベテラン教師です。4月の1日目から始業式までにやるべき学級準備のタスクを提示してください。

#条件　①学年は小学5年生　②優先度の高いものから示す

回答例

1. 教室環境の整備

　教室の配置を確認し，必要に応じて調整します。生徒席は，生徒同士のコミュニケーションや視界を確保するように配置します。教具や学習教材を教室内でアクセスしやすい位置に整理・配置します。ホワイトボードや黒板の掃除と整備をします。

2. 生徒名簿の確認

　前年度の成績や評価，特別なサポートが必要な生徒がいればその情報を確認します。生徒の名前を覚えるための資料を作成します。

3. 教材の整備

　予定している教科書やワークブック，補助教材を確認・整理します。始業式や初日の授業で使用する教材や道具を準備します。

4. カリキュラムと授業計画の確認

　年間・四半期・月間の授業計画を再確認します。学期初めの主要なテーマ，学習目標を明確にします。

5. 生徒とのコミュニケーションツールの整備

　連絡帳や学級通信のフォーマットを用意します。生徒や保護者への連絡方法やルールを再確認します。

6. 学級運営のルール設定

（以下，省略）

06 対話型 AI を活用して 伝える力を高める 2 つの質問

①子どもへの伝え方

　私が教員としてよく悩むことの１つが，子どもへの伝え方です。例えば，授業の開始時刻に間に合わない子が学級内で増えてきているとします。その場合は学級全体に向けて話をすることがあります。しかし，ただ単に「時間を守りなさい」と叱るだけでは子どもたちに響かないでしょう。また，子どもの中には時間を守っている子もいます。その子たちの頑張りを認めつつ，時間を守っていない子に気づきを与える指導をしたいところです。

　このような時，対話型 AI を使うとアイデアが膨らみます。次ページの対話型 AI への質問を見てください。見事な伝え方が回答されました。これを自分の思う言い回しに変えることで，実際の指導に使うことができます。下線部の場面を変えることで，他の場面でも使うことができます。学級の実態に応じて修正しましょう。

②言い換え辞典として使う

　次は言い換え辞典として使う方法です。言葉の言い換えを考える時，一般的には類義語や同義語を調べます。これを対話型 AI を活用すると「もう少し表現を強めて（弱めて）」「ポジティブな表現にして」など細やかな回答を引き出すことができます。次ページの質問例②のようにあいまいな指示でも対話型 AI なら対応することができます。

①子どもへの伝え方

質問例①

あなたはベテラン教師です。子どもたちに<u>授業の開始時刻を守らせるための話をしてください。</u>
#条件　①学年は小学6年生　②一部の子どもは頑張っている

回答例①

　私はみなさんのことを見ていて，ほとんどの子どもたちがしっかりと授業の準備をして，時間に遅れずに教室に入っているのを見て，とても誇りに思っています。本当に素晴らしい取り組みをしている子どもたちがたくさんいます。でも，一部の子は，まだ時間通りに授業が始まるのを意識していないように見えます。私は何度も「時間を守る」ということの大切さを話してきましたが，それはただのルールだけでなく，他の人への思いやりや責任感，自分の成長のためのものです。時間を守ることで，他のクラスメートが待たされることなく授業を始めることができ，一緒に新しいことを学んだり，楽しい活動をしたりする時間が増えるのです。また，時間を守る習慣は，中学校や高校，そして大人になったときの生活にも役立ちます。（以下，省略）

②言い換え辞典として使う

質問例②

　「一生懸命」をもう少し静かなニュアンスにしてください。

回答例②

1．着実に　2．こつこつと　3．じっくりと　4．静かに努力する
　これらの言葉やフレーズは，急激や派手ではなく，地道や静かに努力するというニュアンスを持っています。

07

学級懇談会の流れをつくる質問

　対話型 AI が力を発揮する場面の１つとして，前例のない業務や自由度の高い業務の流れを考えることが挙げられます。このような業務の１つとして学級懇談会があります。学級懇談会は，子どもの学級実態に即して懇談会の流れを考えます。また多くの学校では，学級懇談会は学習参観後に設定されています。これが授業参観の準備と重なり，膨大な時間と手間が一気にかかります。このような時に大活躍するのが対話型 AI です。対話型 AI に質問をして，学級懇談会の流れを考えましょう。

　次ページの質問例において，イメージ戦略を対話型 AI に練らせることもできます。「爽やかな印象を与える」「落ち着いた印象を与える」などの自分の狙いに沿った条件を設定してみるといいでしょう。

　次ページの回答例のように，各項目と簡単な説明が対話型 AI から回答として示されます。回答を参考にして，自分に合った学級懇談会の流れをつくり上げましょう。実際に保護者に対して話すイメージがわかない場合は，例えば「『２　新生活への移行』について，実際に保護者に話す形式で詳細を示してください」と続けて質問します。すると，対話型 AI は台本のような形式で作成します。これによりイメージが明確になります。また，「想定される保護者からの質問例と回答を示してください」と続けると，想定問答が作成できます。

質問例

あなたはベテラン教師です。学級懇談会の流れを教えてください。

#条件　①学年は小学１年生　②時期は４月

回答例

学級懇談会の構成

１．開始・挨拶

　明るいトーンでの自己紹介：経験やバックグラウンドの共有

　　１年間の共同での取り組みへの期待感を伝える

２．新生活への移行

　　１年生にとっての新しい学校生活のポイント

　　子供たちが安心して学校生活をスタートできるような取り組みやサポートについて

３．今年度の学級のビジョン・目標の共有

　　１年生に求める学びの姿勢や目標

　　年間の学習計画や主なイベントの概要

４．学校・学級のルール・マナーの紹介

　　校内の基本的なルールやマナー

　　学級独自のルールや取り決めの提案

５．保護者とのコミュニケーション手段の紹介

　　連絡帳の活用方法

　　緊急の場合の連絡方法

　　学校や教師との連絡の取り方

６．学びのサポートと期待

　　家庭での学習サポートのポイント

　　保護者としての期待や役割について

（以下，省略）

08

クラブ・部活動・委員会の活動内容を考える質問

　クラブ活動や委員会，部活動の内容に困ったことはありませんか。私も活動が同じ内容ばかりでマンネリ化したり，取り組む活動がなくて時間を持て余したりと悩みがちです。自分の専門外の活動の担当になることもあり，活動内容を考えることが難しい場合もあります。対話型 AI を活用すれば，子どもの実態にぴったりの活動内容を考えることができます。

　対話型 AI の活用方法としては大きく 2 つあります。1 つは活動内容を複数提案させる方法です。保健委員会の活動例を考えてみましょう。対話型 AI に「中学校の保健委員会の活動内容例を示してください」と入力するとします。以下のような回答が返ってきます。

> ・保健室の整理整頓　・ポスター・チラシ作成　・季節の健康対策
> ・ストレス対策の提案　・健康週間の企画・実施　など

　大まかな活動内容を知りたい場合に対話型 AI は適しています。ただし小学校のクラブ活動について質問をする際は注意が必要です。対話型 AI がクラブという言葉を部活動と捉えて回答します。したがって，「小学校高学年が楽しめる工作を教えて」など活動内容を示した質問にするとよいでしょう。

　もう 1 つの方法は，対話型 AI に質問をさせ，質問者から聞き出した情報をもとに対話型 AI に改めて提案をさせる方法です。次ページは部活動のサッカー部の練習メニューの提案を示しています。実用性の高い練習メニューが提案されました。ただし，個人情報は入力しないように注意しましょう。

質問例

サッカー部の練習メニューを考えたいです。

#条件　１．私に１問ずつ質問をして考えを引き出してください。２．私の回答から考えがまとまったと判断できた場合に練習メニューを提案してください。

AI との対話例

AI：了解しました。まず，サッカー部のメンバーのレベルや年齢層はどのようなものですか？

私：中学生で前回の地区大会は初戦敗退です。

AI：地区大会の初戦敗退の原因や課題として感じたポイントはありますか？（…中略…）

AI：技術向上の中でも，特に重点を置きたい部分はありますか？また，戦術面での弱点や向上させたい部分も教えてください。

私：パスの精度が悪く，戦術面ではワンパターンになりがちです。

AI：これまでの情報をもとに，以下のような練習メニューを提案します。

〈基本技術の向上〉パス練習：パートナーとの短距離パス練習から始め，距離やスピードを徐々に変えていく。

コーンドリル：コーンを使用してのトラップやパスの練習。これにより，球の扱いや方向転換の技術を向上させる。

〈戦術理解の向上〉

ポジションプレイゲーム：小グループ（例：３対３，４対４など）でのミニゲームを実施。多様な状況でのパスと動きのバリエーションを増やすことを目的とする。

ビデオセッション：実際の試合映像やプロの試合映像を参考にして，選手たちと一緒に戦術面の理解を深める。（以下，省略）

09 お楽しみ会の劇や漫才の台本を 作成する質問

　対話型 AI は，自然な対話ができるように作成されています。その性質を活かして，お楽しみ会などで行う劇や漫才の台本の作成に対話型 AI を活用しましょう。高学年では自分たちで台本をつくり上げることができるかもしれません。しかし，低学年や中学年では，劇や漫才の台本を教員がつくることがあります。台本づくりは時間がかかります。そこで，対話型 AI にコンセプトを伝えて，劇や漫才の台本のたたき台を作成させます。

　次ページのように「小学 3 年生が演じることのできる」と学年を条件指定します。また「プロの構成作家です」「プロの劇作家です」というように役割を与えて回答内容を洗練させます。「時間は○分」と指定すると台本の長さを調節することができます。

　また，劇や漫才の台本は文章が長くなるため，対話型 AI の回答が途中で止まることがあります。その場合は「続きをお願いします」と入力すると，続きの回答が対話型 AI より作成されます。作成された台本は教員が確認，修正した上で使用します。また，劇や漫才を完成させるまでのするべきこと（タスク）や準備物なども対話型 AI に考えさせることもできます。

　しかし，安易にすべてを対話型 AI に頼っては子どもたちの学びの機会を奪うことになります。子どもたちが考えたり修正をしたりと，学級の実態に応じて自分たちでできることには取り組ませます。子どもたちには難易度が高いと思う部分にのみ，対話型 AI を使うことを心がけましょう。

質問例

あなたはプロの構成作家です。小学3年生が演じることのできる漫才をつくってください。

#条件　①テーマは学校　②ボケ役とツッコミ役に分ける

回答例

場面：学校の教室

ボケ役（A）：ねえ，昨日の宿題やった？

ツッコミ役（B）：当然だよ。で，君は？

A：うーん，宿題のノートは持ってきたけど…

B：何言ってるの？ノート持ってきたから何？

A：だから，ノートは持ってきたんだけど，中身が空っぽ！

B：それはやってないってことでしょ！

A：でも，新しい方法で覚える方法を見つけたんだ！

B：え？何？

A：ほら，宿題を枕の下に入れて，寝るときに頭で覚えるんだ！

B：それは頭が良くなる方法じゃなくて，ただのおまじないだよ！

A：ところで，最近学校の授業が楽しいと思わない？

B：ええ，楽しいよ。特に算数が！

A：あれ？俺，算数の授業で寝てたけど，夢の中で算数の問題を解いてたよ！

B：それ，ただの勉強をサボってるだけじゃん！

A：あ，でもさ，先生が新しい数を教えてくれたよ！

B：新しい数って何？

A：ほら，「たぬき」と「きつね」！

B：それは動物だよ！数字じゃない！

（以下，省略）

10 アンケートを作成する質問

　学校では，教育活動や授業の改善を目的としてアンケートが実施されています。そのアンケートの質問文の内容を考える際にも，対話型 AI を使用することできます。作成する方法は 2 つあります。

　最初の方法は，イメージをつかむためにアンケートのたたき台を作成する方法です。「小学 4 年生に対する算数の授業のアンケートを作成してください」と学年と最低限のテーマを入力することで対話型 AI がそれらしいアンケートを作成します。その例をひな型として，自分でアンケートを作成することができます。また，AI との対話を続けることでアンケート内容を修正させて，対話型 AI とともにアンケートを完成させることもできます。

　次ページの方法は，アンケートの目的などが明確な場合に使う方法です。質問例にあるように，「＃目的」「＃取り組み」「＃対象」を使用して，アンケートを作成します。対話型 AI への入力の中で「＃目的」の部分は，例えば授業改善の検証といった目的を入力します。そして，「＃取り組み」には，その学校や学級で工夫して取り組んだことを入力します。最後に「＃対象」では，学年を指定します。「＃対象」を低学年用と高学年用のアンケートと変えるだけでそれぞれのアンケートを作成することができます。

　さらに，「＃条件」で Word や Excel などに貼り付けられる形式を指定することもできます。アンケートの形式が少し変更される場合もあるため，注意は必要です。

質問例

以下に沿ってアンケートを作成してください。

#目的　・算数の授業改善　#取り組み　・授業ではヒントカードを用いて考えを持つことができるよう支援した　・ペアトークを取り入れて考えを発表する機会を設けた

#対象　・小学4年生

回答例

算数の授業アンケート

※あなたの正直な意見をお聞かせください。回答は授業の改善のために使われます。

あなたの名前（任意）：＿＿＿＿＿＿＿＿＿＿＿＿

ヒントカードに関する質問

a．ヒントカードは，問題の解き方を考えるのに役立ちましたか？

とても役立った　まあまあ役立った

あまり役立たなかった　全く役立たなかった

b．ヒントカードをもらう前ともらった後，どれくらい理解度が変わったと感じますか？

とてもよく理解できるようになった

まあまあ理解できるようになった　あまり変わらなかった

全く変わらなかった

ペアトークに関する質問

a．ペアトークで友だちと話し合うことは，問題を理解するのに役立ちましたか？

（以下，省略）

おわりに

　生成 AI は教育界においてもゲームチェンジャーとなるでしょう。AI 技術は急速に進化しています。ChatGPT はついに，モバイルアプリ版で音声でのやり取りが可能となりました。この瞬間，私は「将来，教員は必要な存在なのだろうか」と率直に思いました。AI に問いかけると「人間的な対応は AI にはできない」と回答します。しかし，AI 技術の進歩を見ているとその答えにすら疑問を抱かずにはいられません。

　生成 AI の登場は新たな産業革命の幕開けを告げています。今後は様々な機器に生成 AI が搭載され，ロボットにも組み込まれる AGI（汎用人工知能）の時代が到来するでしょう。教員の役割が変わりつつある中，私たち教員は活路を見出していかなければなりません。そのためには，AI への理解を深め，活用する能力が求められます。遅かれ早かれ教員と AI の協働によって教育を進めていく時代が来ることが予想されます。私たち教員が AI を駆使することにより，今まで以上に個別最適な学びが可能となります。質の高い教育を子どもたちに提供することができるのです。

　私たちは，みなさんに警鐘を鳴らすために本書を記しました。もう目を逸らすことはできません。これ以上取り残されるわけにはいきません。今すぐ生成 AI を使い始めて，その可能性を最大限に活かしましょう。

　最後に，兵庫教育大学理事・副学長の須田康之先生，神戸女子大学の榎本十三男先生をはじめ「全国個を生かし集団を育てる学習研究協議会」兵庫支部の皆様には，日頃より教育に関する刺激をいただいており，本書作成段階で貴重なご意見をいただきました。感謝申し上げます。最後に，本書の出版の機会を与えてくださった，明治図書出版の新井皓士さんには大変お世話になりました。厚く御礼申し上げます。

筆野　元・村上仁志

■参考文献一覧

・研究開発戦略センター：人工知能研究の新潮流2−基盤モデル・生成AIのインパクト，2023.
・Massachusetts Institute of Technology：Teaching + Learning Lab：Teaching & Learning with ChatGPT: Opportunity or Quagmire? PartI Available at：https://tll.mit.edu/teaching-learning-with-chatgpt-opportunity-or-quagmire/ Accessed October 21, 2023
・三部裕幸：EUのAI規制法案の概要．Available at：https://www.soumu.go.jp/main_content/000826707.pdf Accessed October 21, 2023
・文部科学省：初等中等教育段階における生成AIの利用に関する暫定的なガイドライン，2023.
・文部科学省：情報活用能力育成のためのアイデア集．
Available at：https://www.mext.go.jp/content/20230711-mxt_jogai01-000026776-002.pdf
Accessed September 30, 2023
・Harvard University the Derek Bok Center：ARTIFICIAL INTELLIGENCE. Available at：https://bokcenter.harvard.edu/artificial-intelligence Accessed September 18, 2023
・保科学世，鈴木博和：責任あるAI−「AI倫理」戦略ハンドブック−，東洋経済新報社，2021.
・東京大学：AIツールの授業における利用について（ver. 1.0）．Available at：https://utelecon.adm.u-tokyo.ac.jp/docs/ai-tools-in-classes Accessed September 30, 2023

※注釈

　本書における対話型AIとは対話型の生成AIです。生成AIは学習データを用いてテキストや画像などのコンテンツをつくり出すAI全般をさします。また，対話型AIへの質問や指示のことをプロンプトといいます。本書では理解が進むように，ChatGPTなどの対話型生成AIを対話型AI，プロンプトを質問という表現で統一しています。

　本書に記載の情報は，特に断りがない限り，執筆時点での情報に基づいています。

【著者紹介】

筆野 元（ふでの げん）

1989年，大阪府生まれ。大学卒業後，民間企業に就職。小学校教員資格認定試験合格後，大阪府堺市立小学校教諭となり現在に至る。学校現場で働きながら兵庫教育大学大学院に進学。兵庫教育大学大学院連合学校教育学研究科生活・健康系教育連合講座（博士課程後期）修了。博士（学校教育学）。日本学校保健学会会員。日本健康教育学会会員。令和6年度「新・みんなの保健5・6年」（Gakken）教師用指導書一部執筆。

村上 仁志（むらかみ ひとし）

小学校教員として理科を教えながら，地域の教員の指導力向上を促進するコア・サイエンス・ティーチャーとして活動。
十数年前，子どもの心のケアに悩んだ経験から，大学院に通って臨床心理士の資格を取得。
近年は，遊びの要素を取り入れながら学びを深めるエデュテイメントを実践。子どもたち自身が漫才を通じて環境問題について学びを深める「エコ漫才」に力を注ぐなど，伝統芸能をミックスしたユニークな授業を行っている。

これで安心
学校での対話型ＡＩ活用Ｑ＆Ａ

2024年5月初版第1刷刊 ©著 者 筆　　野　　　　元
　　　　　　　　　　　　村　　上　　仁　　志
　　　　　　　　　　発行者 藤　　原　　光　　政
　　　　　　　　　　発行所 明治図書出版株式会社
　　　　　　　　　　http://www.meijitosho.co.jp
　　　　　　　　　　（企画）新井皓士（校正）高梨　修
　　　　〒114-0023　東京都北区滝野川7-46-1
　　　　振替00160-5-151318　電話03（5907）6701
　　　　　　　　　　ご注文窓口　電話03（5907）6668

＊検印省略　　　　　組版所 株式会社カシヨ

本書の無断コピーは，著作権・出版権にふれます。ご注意ください。

Printed in Japan　　　　　　ISBN978-4-18-241523-4
もれなくクーポンがもらえる！読者アンケートはこちらから